森村学園初等部

合格問題集

- 過去頻出の問題と類題で傾向を完全把握！
- プリント形式の実践タイプ！
- 問題の評価ポイントや学習のコツ、注意すべき点など詳しく解説!!

計40問 収録

森村学園初等部

日本学習図書 ニチガク

目指せ！合格！

家庭学習ガイド 森村学園初等部

入試情報

出題形態：ペーパー・ノンペーパー
面　　接：保護者
出題領域：ペーパー（記憶・言語・図形・常識・推理・数量など）
行動観察、工作・巧緻性

入試対策

試験内容は約２時間、ペーパーテスト、制作、行動観察と多岐にわたります。事前には保護者面接が実施されました。ペーパーテストの出題領域は、上記の通り幅広い分野から出題され、10枚ほぼのペーパーを使って行われます。制作は、「切る」「貼る」「塗る」の作業を行う課題が、例年出題されています。個別（道具を使用して指示されたものを制作する）と集団の２パターンが実施されています。行動観察は、集団での自由遊びやグループで発表し合うものなどがあり、集団でお子さまがどのように振る舞うかということが観られているのでしょう。

●お話の記憶のみ録音による音声で行われますが、そのほかは教師による肉声です。筆記用具はクーピーペンで色は黒でした。

●行動観察の自由遊びは、ボウリング、すごろくやブロックで遊ぶ様子が観察されます。遊びといっても、１人ではしゃぎ過ぎたりするのは好ましくありません。周囲のお子さまたちとの協調性が観られていることを事前に意識しておく必要があるでしょう。

●事前の保護者面接では、願書と共に提出する保護者面談資料を基に聞かれます。子どもとの関わり方や志望動機、教育方針や幼稚園での様子について問われました。

必要とされる力 ベスト６

チャートで早わかり！

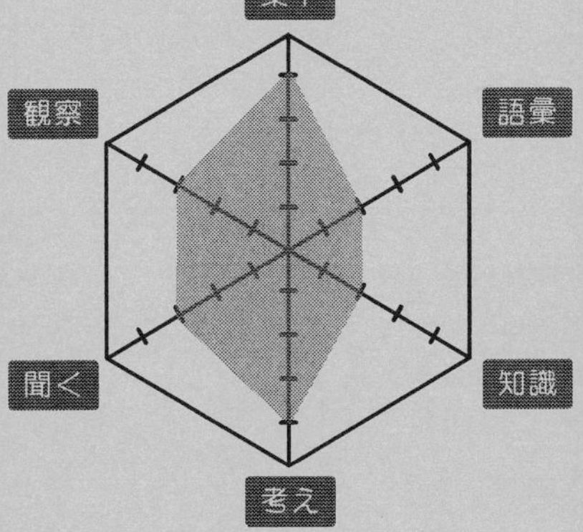

特に求められた力を集計し、左図にまとめました。
下図は各アイコンの説明です。

	アイコンの説明
集中	集　中　力…他のことに惑わされず１つのことに注意を向けて取り組む力
観察	観　察　力…２つのものの違いや詳細な部分に気付く力
聞く	聞　く　力…複雑な指示や長いお話を理解する力
考え	考える力…「～だから～だ」という思考ができる力
話す	話　す　力…自分の意志を伝え、人の意図を理解する力
語彙	語　彙　力…年齢相応の言葉を知っている力
創造	創　造　力…表現する力
公衆	公衆道徳…公衆場面におけるマナー、生活知識
知識	知　　識…動植物、季節、一般常識の知識
協調	協　調　性…集団行動の中で、積極的かつ他人を思いやって行動する力

※各「力」の詳しい学習方法などは、ホームページに掲載してありますのでご覧ください。http://www.nichigaku.jp

「森村学園初等部」について

〈合格のためのアドバイス〉

例年、ペーパーテストは10枚程度とかなりボリュームのある形式になっているので、その量を見ただけで圧倒されてしまうお子さまがいます。試験に臨むに当たり、「大丈夫」という気持ちで臨めるように万全の準備をしていきましょう。出題分野は記憶、言語、図形、常識、推理、数量など幅広いですが、問題の難しさは基礎レベルのものです。例年出題傾向に大きな変化はありませんから、過去問題を繰り返し行って準備をしていれば、その量に圧倒されずに、心に余裕を持って試験に臨むことができるでしょう。

制作は、男女によって問題は異なりますが、「切る」「貼る」「塗る」の作業を行うということに共通点があります。細かい指示はなく、指定された箇所に色を塗る、ものを貼るというような指示がほとんどなので、よく指示を聞いて取り組むということを意識してください。制作の課題では制作したものの出来よりも制作中や終わった後の態度などが観られているということも意識してください。日頃の学習では、作業を繰り返し行うのはもちろんですが、後片付けなどもきちんとさせるなどの躾を身に付けさせてください。行動観察は、ほかのお友だちとすごろく、ボーリングをするなど遊びに近い環境で取り組まれます。学校側がお子さまの素の状態をみたいということからでしょうから、純粋に楽しむということも必要なのかもしれません。とは言え、ふざけ過ぎたり、人の嫌なことをするということは絶対にしてはいけません。当校は校舎の周囲が自然いっぱいで、お子さまが仲間と協力し合って、のびのびと成長していくような環境なので、ここでそのようなことをしてしまうと当校にふさわしくないと評価がされるかもしれません。

〈選考内容〉

〈面接日〉

◆保護者面接（考査日前に実施／ 10分）
◆保護者面談資料（願書と共に提出）
◆ペーパーテスト　◆制作
◆行動観察

入試のチェックポイント
◇受験番号は…「願書提出順」
◇生まれ月の考慮…「なし」

〈本書掲載分以外の過去問題〉

◆自由遊び：すごろく、ボーリング、ブロック、玉入れなどで遊ぶ。
◆推理：シーソーで２番目に重いものに○をつける。
◆数量：ハムスターを入れる必要なカゴの数だけ○を書く。
◆常識：花と種で合うものを線でつなぐ。
◆図形：お手本の図形と同じように書く。
◆常識：いろいろな花の種の絵を描く。

(得) 先輩ママたちの声！

◆実際に受験をされた方からのアドバイスです。
ぜひ参考にしてください。

森村学園初等部

・公開授業には参加した方がよいです。全学年、全教科が見られるのでとても参考になりました。

・説明会参加の回数も数えているので必ず参加することをおすすめします。

・自然に囲まれて子どもがのびのびと学べる環境だなと思いました。

・上履きは必ず忘れないようにしてください。忘れた人は呼び出されていました。

・考査時間は約２時間ぐらいでした。試験内容は例年、大きな変化がないので、対策は取りやすいと思います。

・面接は和やかな雰囲気で行われました。面接資料を元に質問がされました。事前に願書とともに提出するので、書いた内容を必ず覚えておいてください。

・お話の記憶の文字数が今年は多かったです。例年、特に決まった長さはなさそうです。

・ペーパーテストは幅広い分野から出題されていました。さまざまな分野を取り組めるドリルで基礎を上げてから、過去問題に取り組みました。

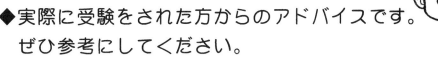

森村学園初等部
合格問題集

〈はじめに〉

現在、少子化が叫ばれているにもかかわらず、私立・国立小学校の入学試験には一定の応募者があります。入試は、ただやみくもに学習するだけでは成果を得ることはできません。志望校の過去における出題傾向を研究・把握した上で、練習を進めていくこと、その上で試験までに志願者の不得意分野を克服していくことが必須条件です。そこで、本問題集は小学校を受験される方々に、志望校の出題傾向をより詳しく知って頂くために、過去に出題された問題、及び類似の問題を結集いたしました。最新のデータを含む精選された過去・対策問題集で実力をお付けください。

また、志望校の選択には弊社発行の**「首都圏・東日本　国立・私立小学校進学のてびき」**をぜひ参考になさってください。

〈本書ご使用方法〉

◆出題者は出題前に一度問題を通読し、出題内容などを把握した上で、**〈 準　備 〉**の欄に表記してあるものを用意してから始めてください。

◆お子さまに絵の頁を渡し、出題者が問題文を読む形式で出題してください。問題を読んだ後で、絵の頁を渡す問題もありますのでご注意ください。

◆**「分野」**は、問題の分野を表しています。弊社の問題集の分野に対応していますので、復習の際の目安にお役立てください。

◆問題番号右端のアイコンは、各問題に必要な力を表しています。詳しくは、アドバイス頁（ピンク色の紙１枚目下部）をご覧ください。

◆一部の描画や工作、常識等の問題については、解答が省略されているものがあります。お子さまの答えが成り立つか、出題者ご自身でご判断ください。

◆**〈 時　間 〉**につきましては、目安とお考えください。

◆**学習のポイント**は、長年にわたり小学校受験分析を行ってきた弊社編集部によるアドバイスです。その問題を出すことで学校側が子どものどのような点を観ているか、その問題の対策としてどのような学習が効果的か等、詳しく記してありますので、指導の際のご参考にしてください。

◆**【おすすめ問題集】**は各問題の基礎力養成や実力アップにお役立てください。

〈本書ご使用にあたっての注意点〉

◆文中に **この問題の絵は縦に使用してください。** と記載してある問題の絵は縦にしてお使いください。

◆**〈 準　備 〉**の欄で、クレヨン、クーピーペンと表記してある場合は12色程度のものを、画用紙と表記してある場合は白い画用紙をご用意ください。

◆文中に **この問題の絵はありません。** と記載してある問題には絵の頁がありませんので、ご注意ください。なお、問題の絵の右上にある番号が連番でなくても、中央下の頁番号が連番の場合は落丁ではありません。

下記一覧表の●がついている問題は絵がありません。

問題１	問題２	問題３	問題４	問題５	問題６	問題７	問題８	問題９	問題10
問題11	問題12	問題13	問題14	問題15	問題16	問題17	問題18	問題19	問題20
		●							
問題21	問題22	問題23	問題24	問題25	問題26	問題27	問題28	問題29	問題30
問題31	問題32	問題33	問題34	問題35	問題36	問題37	問題38	問題39	問題40
									●

◎学習効果を上げるため、前掲の「家庭学習ガイド」及び「合格のためのアドバイス」をお読みになり、各校が実施する入試の出題傾向を、よく把握した上で問題に取り組んでください。
※冒頭の「本書ご使用方法」「ご使用にあたっての注意点」も併せてご覧ください。

〈森村学園初等部〉

問題1　分野：言語（数え方）

考え　知識

〈準 備〉　クーピーペン（黒）

〈問 題〉　この中で数え方が違うものに○をつけてください。

〈時 間〉　1分

〈解 答〉　トリ

学習のポイント

ものの数え方を聞いた言語分野の問題です。日本語ではウシやウマなら「頭」やトリやウサギなら「羽」、イヌやネコなら「匹」と言うように数え方が変わってきます。あまり小学校受験で問われることはありませんが、年齢相応に知っていて当然の内容ですから、問題に答えられないようであれば工夫して学習しましょう。例えば、日常生活の中でさまざまな動物を見たら、正しい数え方をする。お子さまが数え方について質問をしてきたら、理由も含めてきちんと説明するなど、いずれにしてもお子さまとの会話の中で知識を育むようにしてください。

【おすすめ問題集】
Ｊｒ・ウォッチャー11「いろいろな仲間」

問題2　分野：数量（置き換え、たし算）

観察　考え

〈準 備〉　クーピーペン（黒）

〈問 題〉　この問題の絵は縦に使用してください。
上の段を見てください。グローブはミカン３個と交換ができ、ボールはミカン２個、バットは３個で交換できます。ミカン５個をぴったり使って交換できるものはどれでしょうか。下の段の正しいものに○をつけてください。

〈時 間〉　30秒

〈解 答〉　右上、右下

学習のポイント

少し絵はわかりにくいかもしれませんが、「ミカン５個と（あまりを出さずに）交換できる（ボールとバットとグローブの）組み合わせはどれ？」という問題です。考え方としては選択肢のボールとバットとグローブをミカンに置き換えて、５個になるものを選べばよい、ということになります。扱う数は最大でも10以下ですから、問題は、置き換えるという発想ができるかということだけです。対策としては、置き換えの考え方が必要な数量の問題、推理の問題（シーソーやブラックボックスなど）で、その考え方や使いどころを学ぶしかありません。最近の小学校受験では問題を解く上でよく必要になる考え方ですので理解しておいてください。

【おすすめ問題集】
　Ｊｒ・ウォッチャー14「数える」、38「たし算・ひき算１」、
　39「たし算・ひき算２」、40「数を分ける」、42「一対多の対応」

問題３　分野：推理（シーソー）

観察　考え

〈準 備〉　鉛筆

〈問 題〉　上の段を見てください。それぞれ、絵のように重さが釣り合っています。では、真ん中の段のシーソーが釣り合うためには、右にリンゴをあといくつ載せればよいでしょうか。その数だけ○を書いてください。

〈時 間〉　１分

〈解 答〉　下図参照

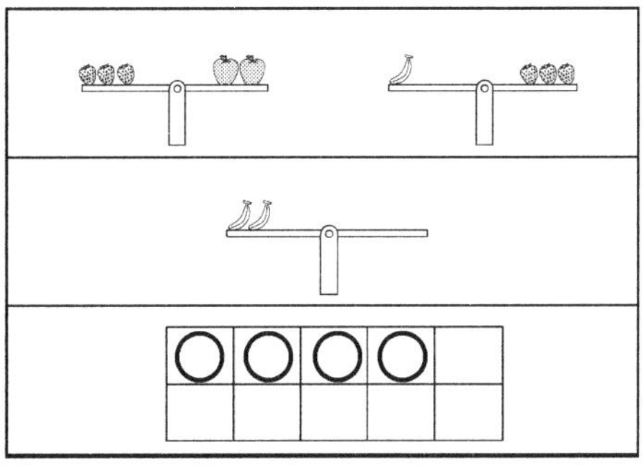

学習のポイント

シーソーの問題です。ここでも置き換えの考え方を使いましょう。いくつかのシーソーがありますが、ここで「イチゴ３個＝リンゴ２個」「バナナ１本＝イチゴ３個」という重さの関係を理解して、「バナナ２本＝リンゴ４個＝イチゴ６個」ということが導き出せれば、すべてのくだものに置き換えられるというわけです。問題のシーソーの左側はバナナ２本でリンゴの個数を聞かれているので、リンゴ４個と置き換えられます。前問でも述べましたが、置き換えの考え方は小学校受験では重要なものになりつつあります。このような問題を通して理解し、応用できるようにしておきましょう。

【おすすめ問題集】
　Ｊｒ・ウォッチャー33「シーソー」

問題4　分野：数量（数のやりとり）　観察　考え

〈準 備〉　クーピーペン（黒）

〈問 題〉　**この問題の絵は縦に使用してください。**
上の段を見てください。サルが黒の矢印の方向に１マス進むと、持っているバナナの数が１つ増えます。白の矢印の方向に１マス進むと、バナナの数が１つ減ります。☆のマス目に着いた時、バナナの数はいくつになっているでしょう。下の段の四角にその数だけ○を書いてください。

〈時 間〉　30秒

〈解 答〉　○：７

学習のポイント

数量の問題です。「数のやりとり」となっていますが、要は数の増減の問題と理解してください。通常の問題と違って進む方向が変わると、増えていたバナナの数が逆に減るという条件があります。数の増減と方向を組み合わせるということはあまりないので、問題を１度聞いてもよくわからなかったお子さまもいるかもしれません。当校入試では基礎問題でありながら「考えさせる要素のある問題」が多い、という傾向があります。当たり前のことですが、指示や問題の条件は集中して聞くこと、理解することを徹底しておきましょう。

【おすすめ問題集】
　Ｊｒ・ウォッチャー14「数える」、38「たし算・ひき算１」、
　39「たし算・ひき算２」、40「数を分ける」、42「一対多の対応」

問題5　分野：お話の記憶

集中　聞く

〈準備〉　クーピーペン（黒）

〈問題〉　**この問題の絵は縦に使用してください。**

これからお話をしますからよく聞いて後の質問に答えてください。

ある日、ゆうきくんは、お父さんと弟のひろきくんといっしょにおでかけをしました。お母さんは家で留守番です。ゆうきくんたちはお父さんの車でデパートへ行きました。海の近くにあるそのデパートは、ちょっと変わっています。建物が船の形をしているのです。デパートに着いたゆうきくんたちは、まず、３階の靴売り場へ向かいました。ゆうきくんのお気に入りの靴がこわれたので、新しい靴を買ってもらうと、お父さんと約束していたのです。売り場を見て回っていると、星のマークがついた靴が目につきます。試しに履いてみると、大きすぎてぶかぶかです。その様子を見ていたお父さんは、「もう少し大きくなってからだな」と言いました。しばらくして、「これなんかどうかな？」とお父さんがゆうきくんに持ってきたのは野球のボールのマークがついている靴でした。さっそく履いてみると、ゆうきくんの足にぴったりだったので、この靴を買うことに決めました。ずっと待たされていてつまらなさそうにしていた弟のひろきくんが、「何か甘いものが食べたいな」と言ったので、みんなで地下の食品売場へ行くことになりました。ひろきくんは、ドーナツを食べることに、ゆうきくんは「ぼくは甘いものより、おにぎりが食べたいな」と言いました。ひろきくんがドーナツを食べ終えるのを待って、デパートの中のレストランへ向かいました。このレストランは全体がタコの形をしていて、口の部分が入り口になっています。ひろきくんが「吸い込まれるみたい」と言いました。席に案内されてメニューを見ると、おにぎりはありませんでした。仕方がないので、カレーライスを食べることにしました。お父さんはハンバーグ、ひろきくんはスパゲッティを注文しました。お昼ごはんの後、このデパートの上にある映画館へ行きました。ヤシの木がいっぱいでまるで南国のようです。ゆうきくんは違う国みたいだなと思いました。３人が観た映画は、『それゆけ！ゾウくん』という映画です。ゆうきくんとひろきくんは何度も大笑いしました。ゾウがリンゴを食べて、事件を解決するところがとても面白かったねとゆうきくんとひろきくんは帰りの車の中で話しました。家に着くとお母さんがバナナのマークがついたティーシャツを着て、「おかえり」と言うと、みんなで「ただいま」と言いました。

①ゆうきくんたちが行ったレストランは何の形をしていましたか。
　○をつけてください。
②デパートの近くにあるものは何ですか。○をつけてください。
③ゆうきくんが買ってもらった靴の模様に○をつけてください。
④ひろきくんが靴売り場のあとに食べたものは何ですか。○をつけてください。
⑤お昼ごはんにゆうきくんが食べたものに○を、ひろきくんが食べたものに△をつけてください。
⑥お母さんはどのようなシャツを着ていましたか。○をつけてください。

〈時間〉　各10秒

〈解答〉　①左端（タコ）　②左端（海）　③右から２番目（野球）
④左から２番目（ドーナツ）　⑤○：カレーライス　△：スパゲッティ
⑥右端

家庭学習のコツ①　「先輩ママのアドバイス」を読みましょう！

本書冒頭の「先輩ママのアドバイス」には、実際に試験を経験された方の貴重なお話が掲載されています。対策学習への取り組み方だけでなく、試験場の雰囲気や会場での過ごし方、お子さまの健康管理、家庭学習の方法など、さまざまなことがらについてのアドバイスもあります。先輩ママの体験談、アドバイスに学び、ステップアップを図りましょう！

学習のポイント

お話の記憶は当校ではよく出題される分野なので、必ず対策をとっておく必要があります。出題される年度によって、お話の長さが違いますが、いずれにしても対応できるようにしておきましょう。質問内容はお話に添ったものがほとんどなので、まずはお話の流れを押さえましょう。つまり、「～が〇〇をした」という登場人物それぞれの行動を覚えるのです。このお話の登場人物はゆうきくん、ひろきくん、お父さんの３人です。彼らの行動を頭の中で整理しながら聞き取るとお話全体が記憶しやすくなるでしょう。また、できるだけお話の場面をイメージしながら聞いてください。ここでは出題されていませんが細部（登場したものの特徴や順序など）についての質問にも、スムーズに答えられるようになります。

【おすすめ問題集】

　１話５分の読み聞かせお話集①②、お話の記憶 初級編・中級編・上級編、
　Ｊｒ・ウォッチャー19「お話の記憶」、34「季節」

問題6　分野：言語（しりとり）　語彙 知識

〈準 備〉　クーピーペン（黒）

〈問 題〉　それぞれの絵をしりとりでつなげていく時、使わなかったものに○をつけてください。

〈時 間〉　45秒

〈解 答〉　下図参照

学習のポイント

しりとりの問題です。ここでは「年齢相応の語彙」についてチェックしています。ここに描かれている絵のほとんどが、入試を受けるお子さまが知っていておかしくないもの、ふだんの生活で見聞きしているものです。それを見れば小学校の国語のテストとは意味合いが違うことがわかるのではないでしょうか。大げさかもしれませんが、これまでの経験・体験を確認して、志願者の生活体験の豊富さや教育環境を測ろうというのがこの問題の趣旨なのです。ですから、対策としては似たような問題を解くのもよいですが、生活体験を積み重ねた方がさらによいとも言えます。

【おすすめ問題集】
Ｊｒ・ウォッチャー17「言葉の音遊び」、18「いろいろな言葉」、
49「しりとり」、60「言葉の音（おん）」

問題７　分野：図形（異図形探し）　観察　集中

〈準　備〉　クーピーペン（黒）

〈問　題〉　この中にほかの図形と違う形をしたものがあります。その図形に○をつけてください。

〈時　間〉　各15秒

〈解　答〉　下記参照

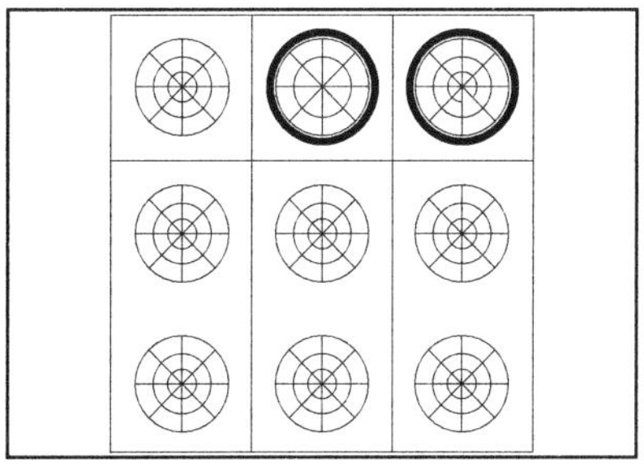

家庭学習のコツ②　「家庭学習ガイド」はママの味方！

問題演習を始める前に、試験の概要をまとめた「家庭学習ガイド（本書カラーページに掲載）」を読みましょう。「家庭学習ガイド」には、応募者数や試験課目の詳細のほか、学習を進める上で重要な情報が掲載されています。それらの情報で入試の傾向をつかみ、学習の方針を立ててから、対策学習を始めてください。

学習のポイント

異図形探しの問題です。違いがわかりやすいのですぐに答えられるでしょうが、もう少し複雑な図形にも対応できるように、解き方をここで学んでおきましょう。①図形（見本があれば見本の図形）の特徴の部分を見つける。　②図形全体を比較するのではなく、その特徴だけを順番に比較していく。　③消去法で答えの候補を絞っていく。選択肢の図形が回転していたり、反転している場合もありますが、①②③の繰り返しでほとんどの問題に対応できるはずです。もちろん同図形探しの問題にも使えます。一度試してください。

【おすすめ問題集】
　Ｊｒ・ウォッチャー４「同図形探し」

問題8　分野：図形（展開）

観察　考え

〈準 備〉　クーピーペン（黒）

〈問 題〉　折り紙が絵のように折られています。広げるとどんな折り線がついていますか。正しいものに○をつけてください。

〈時 間〉　40秒

〈解 答〉　下図参照

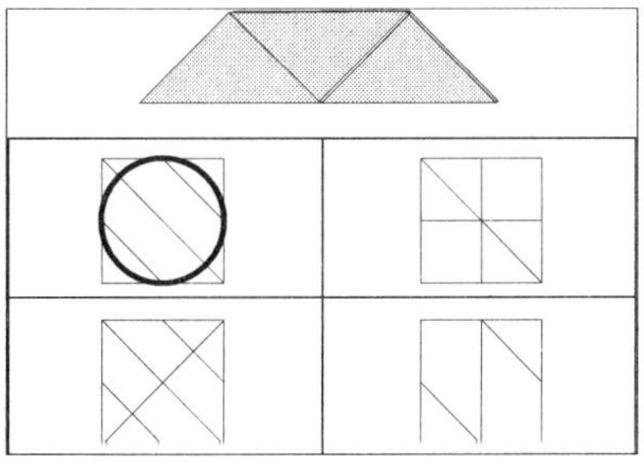

家庭学習のコツ③　効果的な学習方法～問題集を通読する

過去問題集を始めるにあたり、いきなり問題に取り組んではいませんか？　それでは本書を有効活用しているとは言えません。まず、保護者の方が、すべてを一通り読み、当校の傾向、ポイント、問題のアドバイスを頭に入れてください。そうすることにより、保護者の方の指導力がアップします。また、日常生活のさまざまなことから、保護者の方自身が「作問」することができるようになっていきます。

学習のポイント

折った紙を見て開いたらどのような折り線がついているかを聞いています。目の前に実物はないので、想像して答えることになります。コツは折り目ごとに考えること。いきなり「開いた形は～になる」と考えるのはなかなか難しいので、段階を踏んで考えるのです。この問題で言えば、後で付けられた折り目、つまり三角形を手前に折った折り目を開いたらどのようになるかと考えた後に、その前につけられた折り目を開いたらどのようになるかと考えるというわけです。「折り目を開く→三角形→折り目開く→元の折り紙」というイメージはそれほど難しいものではありません。お子さまが理解できないようなら、実際に折り紙を折り、ここに書いてある手順で折り紙を開いてみてください。説明を繰り返すよりもわかりやすいでしょう。

【おすすめ問題集】

Ｊｒ・ウォッチャー５「回転・展開」

問題9　分野：数量（積み木）

観察　考え

〈準　備〉　クーピーペン（黒）

〈問　題〉　絵を見てください。積み木が積み上げられています。
全部で積み木は何個使っていますか。下の四角にその数だけ○をつけてください。

〈時　間〉　40秒

〈解　答〉　○：10

学習のポイント

積み木の数を数える問題では、イラストでは隠れて見えない部分にも積み木があることを意識してください。後は単純に数えるだけで答えは出てしまうので、それほど難しい問題ではありません。それでも理解できないようなら、実際に積み木を積んでみて、見えない部分にも積み木があることを実感してください。ほかの問題でも言えることですが、説明されるよりも理解できます。また、そこでわかったことがほかの問題にも応用できるのが、こうした問題の特徴です。ここでも「絵には描かれていないものを想像する」という思考が学べるので、ほかの問題に応用してみてください。

【おすすめ問題集】

Ｊｒ・ウォッチャー16「積み木」

問題10　分野：図形（鏡図形）

観察　考え

〈準備〉　クーピーペン（黒）

〈問題〉　左上の絵を見てください。公園で遊んでいたクマさんが、お家に帰ってきました。手を洗っている時に鏡を見ると、泥がついた顔が映っています。クマさんの顔は、どこが汚れていますか。正しいものを選んで○をつけてください。

〈時間〉　30秒

〈解答〉　左下

学習のポイント

鏡図形の問題は、鏡に映したものや、鏡に映った像として正しいものを選ぶという問題です。鏡に映った像は、左右が反対になりますが、上下は変わりません。このことを理解した上で、絵の特徴的な部分の位置を確認していきます。本問では、クマの顔についている泥と、帽子の向きに注目します。泥は、鏡に映ったクマの左のほっぺに付いているので、実際にはクマの右のほっぺに付いています。理解しにくい場合は、お子さまの顔を鏡に映してください。説明するよりもわかりやすいはずです。

【おすすめ問題集】

Ｊｒ・ウォッチャー８「対称」、48「鏡図形」

問題11　分野：図形（重ね図形）

観察　考え

〈準備〉　クーピーペン（黒）

〈問題〉　上の図形は下の図形の真ん中のマークに合わせて重ねたものですが、その時に使わなかった図形に○をつけてください。

〈時間〉　30秒

〈解答〉　下記参照

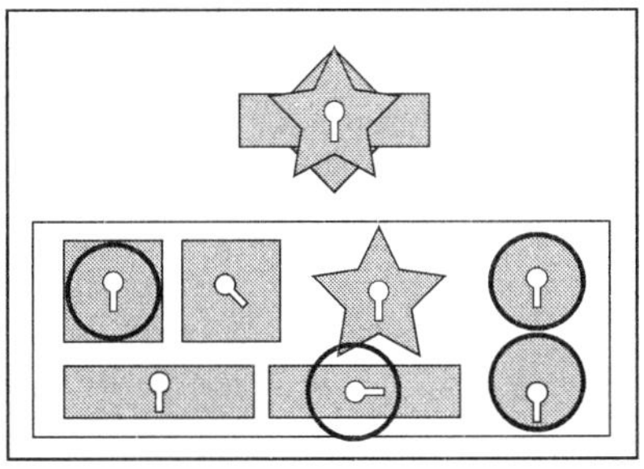

学習のポイント

この問題は、鍵穴のようなマークが中央にあるいくつかの形を合わせて重ねた時、使っていない図形を選択肢から選ぶ問題です。ポイントは鍵穴が同じ位置にくるように図形を重ねるので、選択肢の図形は回転させてから重ねる必要があること、お子さまがそれに気付けるかということです。同じ形で鍵穴の位置や方向が違う選択肢があるので、勘のいいお子さまは説明しなくてもわかるでしょうが、気付きにくいポイントです。お子さまが答えに困るようならヒントを出してください。当校の問題としてはかなり難しい問題ですので、正解できなくてもかまいませんが、復習は念入りに行なった方がよいでしょう。

【おすすめ問題集】
Ｊｒ・ウォッチャー35「重ね図形」

問題12　分野：推理（比較）

考え　観察

〈準 備〉　クーピーペン（黒）

〈問 題〉　絵の中で１番長いひもに○をつけてください。

〈時 間〉　20秒

〈解 答〉　下記参照

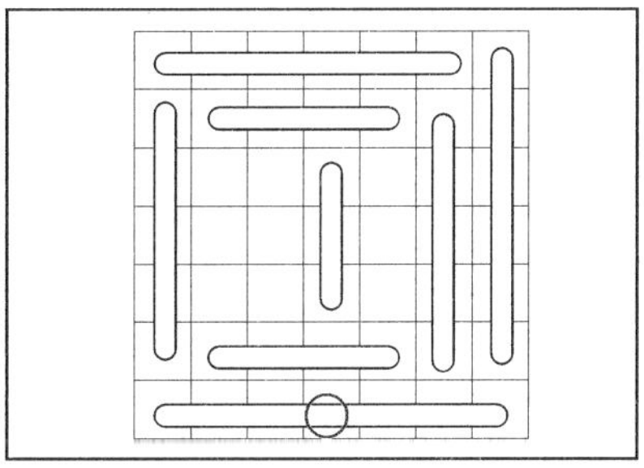

学習のポイント

比較の問題です。マスの上に描かれたひもの長さを比べます。マスに沿って置かれたひもの長さはマス目の数を数えればすぐにわかるでしょう。ただし、解答時間が20秒と短いので、１つずつ数えていると時間切れになるかもしれません。できればですが、マス目の数を指折り数えるのではなくて、ひと目でわかるようにしておきましょう。こうした問題に答える際に役立ちます。それができないようなら、同じ方向のひもで１番長いものの長さ（マスの数）を比較してください。方向は縦横２つしかありませんから、数えるのは２つのひもの長さ（マス目の数）だけです。

【おすすめ問題集】
Ｊｒ・ウォッチャー15「比較」、58「比較②」

問題13　分野：保護者面接

〈準　備〉　なし

〈問　題〉　**この問題の絵はありません。**

（質問例）
- 自己紹介をお願いします。また、志望動機も続けて教えてください。
- 仕事におけるモットーを教えてください。
- 休日はお子さまとどのように過ごされますか。
- お子さまはどのような性格ですか。
- 説明会や公開行事で、印象に残っている場面などありましたか。
- 今日はお子さまは何をされているのですか。
- お子さまの送迎や緊急時はどのような対応を取られますか。
- 子育てで苦労したことはありますか。具体的に教えてください。
- 本校に入学したらどのようなお子さまに育ってほしいですか。
- お子さまを褒める時はどのような時ですか。
- お子さまを叱る時はどのような時ですか。
- お子さまの長所と短所をそれぞれ教えてください。
- お子さまの成長を感じたのはどのような時ですか。

〈時　間〉　適宜

〈解　答〉　省略

学習のポイント

当校の面接は保護者面接です。面接官は2名で、試験1週間～3週間前に行われます。質問内容は一般的なことがほとんどなので、答えやすい面接と言えます。質問の大半は志願者の性格、生活に関することです。「具体的なエピソードは？」と聞かれることが多いので答えられるように準備をしておきましょう。もちろん、ご家庭での教育観や躾に関する考えも聞かれるので、お互いの意見を共有しておいた方が無難です。身の丈に合わない、難しい言葉や教育論を並べて語るのではなく、ふだんから使っている言葉で答えると相手にも伝わりやすいでしょう。学校側は両親のありのままの姿を見ようとしています。現実よりも自分をよく見せようとする必要はありません。

【おすすめ問題集】

新 小学校受験の入試面接Q＆A、面接最強マニュアル

家庭学習のコツ④　効果的な学習方法～お子さまの今の実力を知る

1年分の問題を解き終えた後、「家庭学習ガイド」に掲載されているレーダーチャートを参考に、目標への到達度をはかってみましょう。また、あわせてお子さまの得意・不得意の見きわめも行ってください。苦手な分野の対策にあたっては、お子さまに無理をさせず、理解度に合わせて学習するとよいでしょう。

問題14　分野：お話の記憶

集中　聞く

〈準備〉　クーピーペン（黒）

〈問題〉　**この問題の絵は縦に使用してください。**

これからお話をしますからよく聞いて後の質問に答えてください。

今日、あやちゃんはお父さんと２人で公園へ行きます。あやちゃんは朝ご飯に、牛乳・パン・ミカン・目玉焼きとソーセージを２本食べました。半袖のＴシャツとスカートを履いてお出かけです。外に出ると、お隣のおじいさんが庭でコスモスにお水をあげていました。おばあさんは洗濯物を物干し竿に干していました。あやちゃんが「おはようございます」と元気にあいさつをすると、おばあさんも「おはよう」と言ってくれました。公園に着くと、あやちゃんは「すべり台はこわいな～」と言いました。あやちゃんは、ブランコをこいだり、砂場でお山を作ったりして遊びました。公園でいっぱい遊んだあやちゃんが帰ろうとすると、お父さんが「何か１つすることを忘れているよ」と言いました。前からやりたかった「ドングリ拾い」を思い出しました。ドングリの木は、すべり台とブランコの間にありました。あやちゃんは数え切れないほどのドングリを拾って、ハートと星の模様の四角い袋に入れて持って帰りました。家に帰ると、ドングリのおもちゃを作りました。細いのや太いのや、いろいろな形のドングリがありました。あやちゃんはドングリのコマとお人形を作りました。

①あやちゃんの朝ご飯に○をつけてください。
②お隣のおじいさんとおばあさんは何をしていましたか。関係のある絵に○をつけてください。
③ドングリの木があった場所はどこですか。その絵に○をつけてください。
④ドングリを入れた袋に○をつけてください。
⑤お家に帰ったあやちゃんはドングリで何を作りましたか。その絵を選んで○をつけてください。
⑥このお話の季節はいつだと思いますか。同じ季節の絵を選んで○をつけてください。

〈時間〉　各10秒

〈解答〉　①目玉焼きとソーセージ２本・牛乳・ミカン・パン
②洗濯物とコスモスとジョウロ（左から２番目）
③すべり台とブランコの間（右端）
④ハートと星の模様の四角い袋（左端）
⑤人形（左から２番目）とコマ（右端）
⑥芋掘り（秋・右から２番目）

学習のポイント

500字程度と一般的なお話の長さですが、質問の数が６個もあり、１つひとつ聞き逃すことができないので、少し難しく感じるかもしれません。頭の中にお話の情景を思い浮かべながら聞いていけば、登場人物やものがどこで出てきたのか頭で整理しやすくなり、記憶もしやすくなります。面白い絵本や物語を読み聞かせながら、お話の情景を空想する楽しさをたくさん経験させてあげましょう。そして、お話が終わったところでどのような情景が浮かんだのか、お子さまに質問してみてください。お子さまは自分のイメージを伝えようとお話を思い返します。このようにイメージを思い返すことを日頃の学習でも繰り返し行っていけば、次に問題を解く時に、自らお話をイメージして記憶しようとするようになります。

【おすすめ問題集】

１話５分の読み聞かせお話集①②、お話の記憶 初級編・中級編・上級編、
Ｊｒ・ウォッチャー19「お話の記憶」、34「季節」

問題15　分野：お話の記憶

集中　聞く

〈準 備〉　クーピーペン（黒）

〈問 題〉　**この問題の絵は縦に使用してください。**

これからお話をしますからよく聞いて後の質問に答えてください。
ぼくは、お父さん、お母さん、弟のけんちゃんと４人で、お父さんの田舎のおじいちゃんとおばあちゃんの家に行きました。まず最初に、おじいちゃんといっしょに畑でジャガイモを掘りました。おじいちゃんは大きな麦わら帽子をかぶって、首から手ぬぐいを下げています。おじいちゃんは大きなシャベル、ぼくは小さなシャベルを使ってジャガイモを掘りました。次にトマトをハサミで切り取りました。おじいちゃんは大きいトマトを５個切り取り、ぼくは大きいのを１個と小さいのを２個切り取りました。それからナスをハサミで切り取りました。キュウリも切り取りました。枝豆は「まだ食べられないな」とおじいちゃんが言い、また今度採ることになりました。家に戻ると、おばあちゃんはおやつにトウモロコシを茹でてくれて、ソフトクリームとジュースも出してくれました。今日は日差しがとても強く、外ではセミが鳴き続けています。

①お話に出てきた野菜はどんな順番で出てきましたか。その順番に並んでいる絵に○をつけてください。
②ぼくが野菜を採るのに使った道具に○をつけてください。
③トマトは、ぼくとおじいちゃんの切り取った分を全部合わせて何個になりますか。その数だけトマトに○をつけてください。
④ぼくのおじいちゃんに○をつけてください。
⑤おばあちゃんが用意してくれたものに○をつけてください。
⑥このお話の季節の、１つ前の季節に行われる行事はどれですか。その絵を選んで○をつけてください。

〈時 間〉　各10秒

〈解 答〉　①ジャガイモ→トマト→ナス→キュウリ（真ん中）
②ハサミ（左から２番目）と小さなシャベル（右端）　③８個に○
④大きな麦わら帽子をかぶり、首から手ぬぐいを下げている（右から２番目）
⑤ジュース（左端）・トウモロコシ（真ん中）・ソフトクリーム（右端）
⑥端午の節句（右端）

学習のポイント

本問も前問同様に、500字程度のお話で、質問が６個あるので、お話の内容を１つひとつ聞き逃すことができません。お話を効率よく覚えることを目標にして、日頃の学習を進めていくようにしてください。この問題はお話の内容だけでなく、お話の季節のことも問われます。お話の記憶の問題で、お話以外のことを聞かれる場合、季節についてはよく聞かれますので、「このお話の季節はいつかな？」というような質問を読み聞かせた後に行い、お子さまがお話をイメージする時に、季節も意識してできるように保護者の方は工夫して指導していきましょう。

【おすすめ問題集】
お話の記憶 初級編・中級編・上級編、Ｊｒ・ウォッチャー19「お話の記憶」、34「季節」、38「たし算・ひき算1」、39「たし算・ひき算2」

問題16　分野：数量（計数）

集中　考え

〈準 備〉　クーピーペン（黒）

〈問 題〉　**この問題の絵は縦に使用してください。**
①上の段を見てください。丸と四角の中の☆の数はいくつ違いますか。違う数だけ下の太い四角の中に○を書いてください。
②丸と四角が重なっているところの☆はいくつありますか。その数だけ下の太い四角の中に○を書いてください。

〈時 間〉　各30秒

〈解 答〉　①○：４　②○：５

学習のポイント

この問題は、丸の中の☆、四角の中の☆の数を数えて、その差を出す「ひき算」の問題と、丸と四角が重なり合っているところの☆を数えるという問題が２つ出題されています。ただ数を数えたり、ひき算をするということなので、この年齢のお子さまであればわかることでしょうから、わざわざ対策を取る必要はないでしょう。ここで注意しておきたいのは、数え間違いや重複して数える、指示を間違えるというようなケアレスミスをすることです。数える時に「左から右へ」「上から下へ」というように自分で順番を決めるなど、数える向きを一定にするだけでも、このようなケアレスミスは防ぐことができます。

【おすすめ問題集】
Ｊｒ・ウォッチャー14「数える」、37「選んで数える」
Ｊｒ・ウォッチャー38「たし算・ひき算1」、39「たし算・ひき算2」

問題17　分野：図形（点図形）

集中　観察

〈準備〉　クーピーペン（黒）

〈問題〉　上の形と同じように、下の四角の中に書いてください。

〈時間〉　2分

〈解答〉　省略

学習のポイント

点図形を書き写す時には、まず、どの点から書き始めるかその位置をよく確かめて、同じ点から書き出しましょう。位置の確認は漠然とするのではなく、左から何番目の上から何段目と言うように、しっかりと座標を確認してから線を引くようにしてください。日頃から「あれを取って」と言った頼み方ではなく「上から何段目の、左から何番目の○○を取って」と言葉をかけるようにすれば位置を確認する習慣が身に付きます。出来栄えを評価するわけではないので美しく書く必要はありません。指示通り正確に書くことを心掛けてください。

【おすすめ問題集】

Ｊｒ・ウォッチャー１「点・線図形」

問題18　分野：常識（道具）

考え　知識

〈準備〉　クーピーペン（黒）

〈問題〉　**この問題の絵は縦に使用してください。**
いっしょに使う道具やものがないものを選んで○をつけてください。

〈時間〉　1分

〈解答例〉　①ノコギリ（ペア：包丁とまな板／鍋とおたま）
②ハサミ（ペア：かなづちと釘／ねじ釘とドライバー）
③シャベル（ペア：バケツと雑巾／ちりとりとほうき）
④電話（ペア：ハンガーとＴシャツ／椅子と机）
⑤たわし（ペア：くしとドライヤー／靴ブラシと革靴）
※上記以外の解答も、選んだ理由に整合性があれば正解としてください。

学習のポイント

日常生活の中で使用する道具に関する常識問題です。当校の出題としては珍しく、お子さまが名前を知らないかもしれない道具が出題されています。単純に形から推測して解くといったことはお子さまにはできません。できることはこうした問題が出ることに備えて知識を蓄えておくことです。それには、日頃、生活の中のあらゆるもの、お話に出てくるもの、さまざまなものに興味・関心を持ち、知ろうとすることです。その機会を保護者の方は与えるようにしましょう。

【おすすめ問題集】

Ｊｒ・ウォッチャー11「いろいろな仲間」

問題19　分野：言語

語彙　知識

〈準備〉　クーピーペン（黒）

〈問題〉　いろいろなものが描いてあります。この中で名前の２番目の音が「か」のものを選んで○をつけてください。

〈時間〉　40秒

〈解答〉　ヤカン・カカシ・ミカン・シカ・ムカデ・トカゲ・イカ

学習のポイント

「２番目の音」が「か」のものを探す言語の問題です。２番目の音と言われるとわからなくなるお子さまもいるかもしれません。とはいえ、この年齢ぐらいのお子さまだと「しりとり」などで言葉の音に関する遊びの経験はあると思います。しりとりが言葉の最後の音で言葉をつなぐ遊びだと言えば、「２番目の音」ということもなんとか理解できるのではないでしょうか。後はよく絵を見て答えられればそれほど間違わないはずです。この問題も描かれている絵が何かわからないと推測して答えるのは難しくなります。生活の中で語彙を増やしていくよう心掛けてください。

【おすすめ問題集】

Ｊｒ.ウォッチャー　17「言葉の音遊び」、18「いろいろな言葉」

問題20 分野：図形（パズル・合成）

観察 考え

〈準備〉 クーピーペン（黒）

〈問題〉 左の四角の中の形を作るのに使わないものを、右の形の中から選んで×をつけてください。

〈時間〉 1分

〈解答〉 ①左から2番目・右から2番目　②左端・左から2番目・右から2番目
③真ん中・右から2番目

学習のポイント

この問題はパズルのように図形を組み合わせて見本の形を作るという問題です。「使わないもの」を答えるという点に注意して答えましょう。観点は、頭の中で図形を操作できるかということです。具体的に言うと、パズルのピースになっている選択肢の形を回転させたり移動したりして、見本の形にしていくという作業を頭の中で行うという能力のことです。何となく眺めていても答えがわかるお子さまもいるでしょうが、そうでなければ工夫が必要です。ピースの大きさが一定ではないパズルの解き方の1つに「小さなピースから当てはめていく」という方法があります。これは大きなピースから入れていくと、間違えやすく、しかも最初からやり直すことになるからです。この問題の①でいうと、最初に左端の1/4の円のピースを見本の形に当てはめた後、ほかのピースと組み合わせて見本の形になるかを見ていきます。右端のピースと合わせると見本の形になるということがひと目でわからないようなら、見本の形に小さなピースの形を書き込んでもよいでしょう。

【おすすめ問題集】
Ｊｒ・ウォッチャー３「パズル」、９「合成」

問題21 分野：図形（観覧車）

観察 考え

〈準備〉 クーピーペン（黒）

〈問題〉 観覧車が回っています。
①ネズミが今ネコのいるところに来た時、ネコはどの位置にいますか。
○をつけてください。
②ウサギが☆の位置まで観覧車が回った時、１番上に来るのはどの動物ですか。
右側の動物に△をつけてください。

〈時間〉 各30秒

〈解答〉 ①イヌ　②ブタ

学習のポイント

観覧車の問題のポイントは、観覧車の動き方を理解することです。どちらに回転するかは指示をよく聞いてください。さて、①を見てみると「ネズミが今ネコのいるところへ行く」ということは、観覧車をその分だけ回転させればよいということです。その分だけ、ほかの動物も移動するので、正解は（いま）イヌのいる場所だとわかります。このように解説しても難しいようであれば、実際にこの問題のイラストを回転させてみるとすぐにわかるはずです。ただし試験でも、紙を回転させるというのはかなりみっともないですし、よい印象を与えると思いません。できればやめておいた方がよいでしょう。

【おすすめ問題集】
Ｊｒ・ウォッチャー50「観覧車」

問題22　分野：常識（昔話・動物）　知識

〈準備〉　クーピーペン（黒）

〈問題〉　**この問題の絵は縦に使用してください。**
①上の段を見てください。昔話に出てくる「金太郎」に関係のある絵が描いてあります。この中で金太郎が乗っていた生きものには○を、手に持っていたものには△をつけてください。
②下の段を見てください。この中で走るのが１番速い動物に○を、１番遅い動物には△をつけてください。

〈時間〉　各20秒

〈解答〉　①○：クマ　△：斧　②○：チーター　△：カメ

学習のポイント

日本昔話やグリム童話、イソップ物語、アンデルセン物語など、有名なお話にはできるだけ多く触れさせておきたいものです。入試に出題されるというだけでなく、傑作と言われたり、昔から読み継がれて今日まで残ってきた作品には、それなりの優れた部分があるからです。②の問題は理科的常識について聞いた問題です。当校ではよく出題されるので注意してください。過去にはお子さまには難しいと思われる身体の各部位の名称や野菜の切り口などが出題されたことがあります。できるだけ実物に触れ、興味を持たせて、学習意欲につなげていけるように心掛けましょう。

【おすすめ問題集】
１話５分の読み聞かせお話集①②、Ｊｒ.ウォッチャー27「理科」、55「理科②」

問題23　分野：比較（面積の比較）

観察　考え

〈準備〉　クーピーペン（黒）

〈問題〉　この問題の絵は縦に使用してください。
上の絵の黒いところと同じ広さのものを下の絵の中から探して○をつけてください。

〈時間〉　１分30秒

〈解答〉　左下

学習のポイント

まず、一目見て「四角形の（面積の）半分が三角形」ということがわかるようならこうした問題で困ることはないかもしれません。この問題は面積の比較をしていますが、四角が○○個分という発想ができれば、後は単純な数の比較として考えることができるからです。もちろん、ほとんどのお子さまは、知識も経験もなしにそういった発想をすることができません。まずは１度でもいいので、タングラムなどの実物を使って、三角形同士をくっつけさせて四角になるという様子を見させてください。そうすれば、問題を解くためのアイデアが出やすくなるはずです。

【おすすめ問題集】
Ｊｒ・ウォッチャー14「数える」、15「比較」、58「比較②」

問題24　分野：複合（推理・常識）　聞く　知識

〈準備〉　クーピーペン（黒）

〈問題〉　**この問題の絵は縦に使用してください。**
①１番上の段を見てください。この絵のようなタイヤの跡が付くのは、どの乗りものだと思いますか。真ん中の絵の中から選んで○をつけてください。
②子犬のチビくんが公園で遊んでいて迷子になってしまいました。これから私がチビくんの家に帰る道順をお話しますから、よく聞いてください。
「最初の角を右に曲がり、突き当りを左に進みます。次の分かれ道を左の方に行くとチビくんのお家です」公園からチビくんの家まで、今、私がお話した通りに地図に線を引いて、チビくんの家に○をつけてください。

〈時間〉　①20秒　②30秒

〈解答〉　下図参照

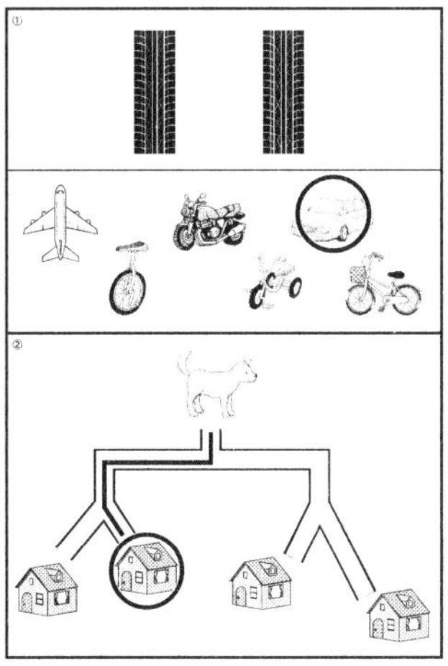

学習のポイント

①のタイヤの跡のほかに動物の足あと、変わったところではローラーの通った跡なども出題されることがあります。一応は常識として知っておきましょう。②は地図上のものが動く時の移動についての問題です。ポイントは地図上のもの、この問題なら「チビくん」から見ての左右で移動の条件が話されていることです。地図を見ている人と地図上の人物では、移動する方向によっては左右が逆になることがあるので注意です。

【おすすめ問題集】
Ｊｒ．ウォッチャー20「見る記憶・聴く記憶」、31「推理思考」

問題25　分野：お話の記憶

集中　聞く

〈準備〉　クーピーペン（黒）

〈問題〉　**この問題の絵は縦に使用してください。**

夏のある日のことです。今日は、家族みんなで花火大会に行く日です。こうたくんはとても楽しみにしていたので、前の晩はあまりよく眠れませんでした。こうたくんは眠たい目をこすって、ベッドから起きあがって窓を見てみると、雨が降っていました。こうたくんは急に悲しくなって、「お母さん。雨が降ってる。雨が降ってるよ」と階段を駆け下りました。お母さんは窓を見ながら、「こうちゃん、おはよう。本当ね、雨が降ってるわね。でも、空が明るくなってきているわよ。この雨はすぐやむから、きっと花火大会できるんじゃない」と言いました。すると、いつの間にか眠たい目をこすりながら起きてきた妹のはなちゃんが、「おにいちゃん、よかったね」と言いながらこうたくんに抱きつきました。お母さんの言ったとおり、お昼ご飯を食べたあと、雨はすぐにやみ太陽が輝き出しました。花火大会には、お父さんとお母さん、こうたくんとはなちゃんとおじいちゃんとで行くことにしていましたが、おじいちゃんは仕事で忙しかったので、おじいちゃんの代わりにおばあちゃんが行くことになりました。お母さんがはなちゃんに、「はなちゃん、この前に作った水玉模様の浴衣を着てみない」と聞くと、はなちゃんは、「わーい。着たい。あと髪にリボンもつけてね」とお母さんにお願いしました。はなちゃんの支度が終わり、さあ出発です。会場には電車とバスに乗って行きました。会場に着くと、すでに人がたくさん来ています。こうたくんたちが歩きながら花火を見る場所を探していると、向こうから黒い帽子をかぶった幼稚園の先生がやってきました。こうたくんたちを見つけて、「こうたくん、こんばんは。こうたくんもみんなで花火を見に来たのですね。もうすぐ始まるそうですよ」と、こうたくんの頭をなでながら言いました。先生はふだん幼稚園ではメガネをかけているのに、きょうはかけていなかったので、いつもと違う先生にこうたくんは少しびっくりしてしまいました。花火がよく見える土手にシートを広げると、パーン、パパーンと花火大会が始まりました。お父さんは首にタオルをかけ、うちわと缶ジュースを持って見物です。最初に上がった花火は輪の中に星が３つ入った花火です。次に円盤の花火、ウサギの形をした花火と、次々に上がっていきます。こうたくんもはなちゃんも花火が上がるたびに手を叩いたり、声を上げたり夢中です。最後の花火は噴水のような花火が夜空いっぱいに広がりとてもきれいでした。みんなで帰りながら、お父さんが、「こうたの１番気に入った花火はどれだった」と聞きました。こうたくんは、「ぼくは、ウサギの花火だよ。花火がウサギの形をしているのでびっくりしたよ」と言うと、はなちゃんが、「私は噴水の花火、きれいだったなぁ」と言いました。こうたくんはお父さんと手をつなぎながら、「来年もみんなで来たいな」と星を見ながら思いました。

①花火大会に行った家族はどれですか。その絵を選んで○をつけてください。
②こうたくんの妹はどれですか。その絵を選んで○をつけてください。
③こうたくんたちは何に乗って花火を見に行きましたか。その絵をを選んで○をつけてください。
④花火大会で会った先生はどれですか。その絵を選んで○をつけてください。
⑤こうたくんのお父さんはどれですか。その絵を選んで○をつけてください。
⑥こうたくんが１番好きな花火はどれですか。その絵を選んで○をつけてください。
⑦１番最後に上がった花火はどれですか。その絵を選んで○をつけてください。
⑧このお話と同じ季節はどれですか。その絵を選んで○をつけてください。

〈時間〉　①②各20秒　③④各30秒　⑤⑥各40秒

〈解答〉　①右から２番目　②右から３番目　③左端、右端　④左から２番目
⑤右から２番目　⑥左から２番目　⑦右から２番目　⑧右から２番目

学習のポイント

お話の記憶の問題のお話としては比較的長文です。こうした問題は「『誰が』『何を』『～した』といったお話のポイントをおさえる」「お話の場面を想像しながら聞く」といった基本が守れていないと、スムーズに答えるのが難しくなります。お話を丸暗記するわけにはいきませんから、１枚の絵のように場面を思い浮かべるようにお話の場面をイメージしてみましょう。慣れてくると、登場人物の服装や持ち物も含めて、その場面のイメージができます。例えば、「水玉模様の浴衣を着て、リボンをつけた妹のはなちゃん」といったイメージです。最終的にはセリフや動きもイメージしましょう。イメージができれば、情報が自然に整理されるので記憶にも残りやすくなるのです。「うちの子は記憶力が足りないからこういった問題は苦手」という話を保護者の方からよく聞きますが、記憶力そのものを鍛えようとしてもなかなか結果は出ません。むしろ、お子さまにあった記憶しやすい方法を考え、その練習を重ねさせると早く成果が出るものです。

【おすすめ問題集】

お話の記憶　初級編・中級編・上級編、Ｊｒ・ウォッチャー19「お話の記憶」、34「季節」

問題26　分野：数量（計数）

集中　考え

〈準　備〉　クーピーペン（黒）

〈問　題〉　**この問題の絵は縦に使用してください。**

左側にたくさんの○や△などが書いてありますね。これから問題を言いますからよく聞いてください。

①□と●を合わせるといくつになりますか。リンゴの四角にその数の○を書いてください。

②▲と□を合わせるといくつになりますか。イチゴの四角にその数の○を書いてください。

③○と△と■を合わせるといくつになりますか。ミカンの四角にその数の○を書いてください。

④●と▲と■を合わせるといくつになりますか。ブドウの四角にその数の○を書いてください。

⑤●の数にあといくつたすと10になりますか。カキの四角にその数の○を書いてください。

⑥□と○はいくつ違いますか。スイカの四角にその数の○を書いてください。

〈時　間〉　①②各20秒　③④各30秒　⑤⑥各40秒

〈解　答〉　①○：8　②○：10　③○：14　④○：13　⑤○：6　⑥○：1

学習のポイント

図形がランダムに配置されているので、数えるのが意外と難しく感じられるかもしれません。こうした問題では図形ごとに数える、数えたものに印を付けるといった工夫をしてもかまいません。混乱するよりはマシです。①の問題では４個の□と４個の●の合計を聞かれている問題です。まずは□の数を数えて、その後に●の数を数え、最後にたすというようにすると数えやすくなるでしょう。前述したように、数え間違いや重複して数えるといったケアレスミスに注意してください。まずは１つひとつていねいに数えることを心掛けましょう。

【おすすめ問題集】

Ｊｒ・ウォッチャー14「数える」、38「たし算・ひき算1」、
39「たし算・ひき算2」

問題27　分野：常識

考え　知識

〈準 備〉　クーピーペン（黒）

〈問 題〉　**この問題の絵は縦に使用してください。**
①女の子が走っていますね。女の子の体の部分で名前に「か」の音がある部分の四角に○をつけてください。
②名前に「ひ」のある部分の四角に◎をつけてください。

〈時 間〉　40秒

〈解 答〉　①かた、かかと　②ひじ、ひざ

学習のポイント

この問題は、体の部位の名称をどれだけ覚えているか、という知識量が問われている問題です。顔・目・鼻・口・足などはお子さまたちも自然に覚えるでしょうが、「ひじ」「かかと」はどうでしょう。ほとんどの場合、自然と覚える機会はないでしょう。保護者の方が工夫をして、お子さまに知る機会を与えさせてください。本格的な「図鑑」でなくても構いません。何より印象に残るのは実際にその部位を動かしたり、触ったりするということです。例えば、保護者の方がひじを触り、それを真似させて、ひじの位置を確認させてください。お子さまは1度で覚えるはずです。

【おすすめ問題集】

Ｊｒ・ウォッチャー12「日常生活」

問題28　分野：図形（重ね図形、点・線図形）

集中　考え

〈準 備〉　クーピーペン（黒）

〈問 題〉　上の２つの図形を重ねると、どんな形になりますか。下の四角に書いてください。

〈時 間〉　２分

〈解 答〉　下図参照

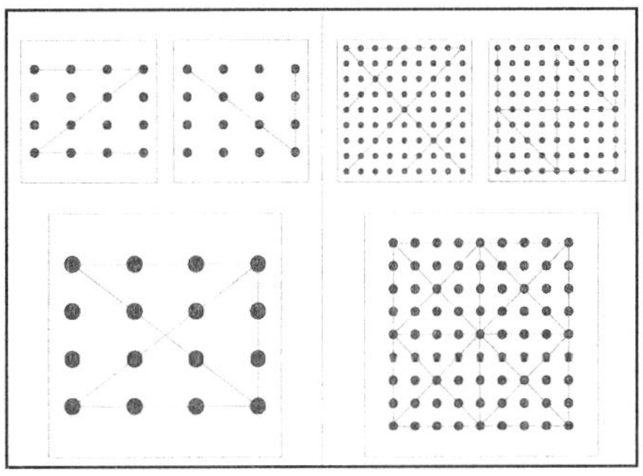

学習のポイント

点図形を重ねる問題です。点図形を写す時に大事なことが２つあります。１つ目は、始点をしっかりとお子さまが自分自身で決めることです。複雑な図形になればなるほど、どこから始めるか重要になります。２つ目は、本問のような図形が重なるタイプの点・線図形では重なった図形を一気に書こうとしないことです。重なっている部分は複雑なのでミスがしやすいです。そもそも小学校受験としては、書く量がかなり多く、時間もかかる問題です。その割に制限時間は短いので効率よく作業を進めなければなりません。直線をできるだけ長く、一気に引くといった工夫も必要でしょう。

【おすすめ問題集】

Ｊｒ・ウォッチャー１「点・線図形」、35「重ね図形」、51「運筆①」、52「運筆②」

問題29　分野：図形（鏡図形）

観察　考え

〈準 備〉　クーピーペン（黒）

〈問 題〉　上の段の絵を見てください。上の形の真ん中に鏡を置いたら、どんな絵になると思いますか。下の４つの絵の中から正しいものを選んで○をつけてください。

〈時 間〉　各20秒

〈解 答〉　①上の段の右側　②下の段の左側

学習のポイント

問われ方は少し違うのですが、結果的にはお手本を鏡に映したものはどれかという鏡図形の問題と同じことを聞いています。図形の問題では、ほかにも「同じ絵はどれか」「回転させたものはどれか」「２枚を重ねた時、どのような絵になるか」といった問題があります。同じ絵でも出題方法によって答えはまるで違いますから、まずは問題を良く聞いて、何を聞かれどう操作するのか理解するところから始めてください。多くの出題形式に触れていれば、初めて見る問題に戸惑うことも少なくなるでしょう。絵を見比べる問題は、最初にすべての選択肢に目を通し、明らかに間違っているものを除外するところから始めましょう。その後、残った選択肢を見比べて、正しい答えを見つけるというやり方で取り組めば、素早く正確に回答することができます。

【おすすめ問題集】
Ｊｒ・ウォッチャー８「対称」、48「鏡図形」

問題30　分野：常識

知識

〈準 備〉　クーピーペン（黒）

〈問 題〉　①「ももたろう」という昔話を知っていますね。「ももたろう」のお話に出てこないものに○をつけてください。
②「うらしまたろう」という昔話を知っていますね。「うらしまたろう」のお話に出てきたものに○をつけてください。

〈時 間〉　①②各30秒

〈解 答〉　①打出のこづち、リンゴ、クマ
②カメ、玉手箱、タイ、子どもたち、乙姫さま

学習のポイント

本問では、「ももたろう」や「うらしまたろう」という昔話をお子さまが知っていることを前提に、その内容をどこまで記憶しているかが問われています。これらの昔話を聞いたことがないお子さまは、その時点で答えようがありません。日本の昔話を何度も読み聞かせることが普通だった頃に比べ、最近ではより楽しい幼児用の絵本がたくさん出回っているので、お子さまが出題にあるような昔話を繰り返し聞く機会が少なくなっているのでしょう。小学校受験では、昔話のストーリーや登場人物が常識として聞かれます。毎日の読み聞かせのバリエーションを増やし、こうした有名な昔話を読んであげてはいかがでしょうか。

【おすすめ問題集】
1話5分の読み聞かせお話集①②

問題31　分野：数量（1対多の対応）

集中　考え

〈準備〉　クーピーペン（黒）

〈問題〉　**この問題の絵は縦に使用してください。**
真ん中の箱の中にアメとおせんべいとクッキーとケーキが描いてあります。これらを上の段に書いてある3人で仲よく分けたいと思います。
①アメを3人で仲よく分けると、1人何個もらえますか。下のアメの横の四角にその数と同じ数の○を書いてください。
②おせんべいをできるだけ多く3人で分けると、1人何枚ずつになりますか。おせんべいの横の四角にその数と同じ数の○を書いてください。
③クッキーを3人で仲よく分けると1人何個ずつになりますか。クッキーの横の四角にその数と同じ数の○を書いてください。
④ケーキを3人で仲よく分けると1人何個ずつになりますか。ケーキの横の四角にその数と同じ数の○を書いてください。

〈時間〉　2分

〈解答〉　①○：2　②○：3　③○：1　④○：4

学習のポイント

おはじきなどの具体物を実際に用いて、何度も動かしながら、数の概念を身に付けることが数の感覚を身に付ける第一歩です。生活の中でも家族やお友だちとお菓子などを分けるなど機会あるごとにお子さまに「分配」の機会を与えましょう。「アメを5人に2つずつ配るなら10個必要」といった考え方はすぐに身に付くはずです。この問題ではさまざまなお菓子を配るというそのものズバリの内容です。小学校受験では、「1対多の対応」といったりしますが、単純な計数や簡単なたし算・ひき算を学んだ後に学ぶこととしては基礎的なものになります。当校でもよく出題されますので覚えておいてください。

【おすすめ問題集】
Jr.ウォッチャー　40「数を分ける」、42「一対多の対応」

問題32　分野：巧緻性

創造

〈準　備〉　のり、ハサミ、クレヨン

〈問　題〉　これからお魚を作ります。
①（問題32－２を渡す）はじめに、お魚のヒレをハサミで切ってください。
②（問題32－１を渡す）切れたら、お魚の同じ形の場所にのりで貼りつけてください。
③ヒレがつけられたら、クレヨンでしっぽに色を塗ってください。
④最後に、お魚の周りに、お魚に合った絵を描いてください。

〈時　間〉　20分

〈解　答〉　省略

学習のポイント

こういった入試での制作では指示が繰り返されることはないので、説明を１度で理解する必要があります。①何を作るために、②どんな作業をするのか、③その時、気を付けることは、という順で指示を把握するようにしてください。途中の工程が多くなると把握しにくくなるので、折る・塗る・ヒモ結びなどの基本的な工程をパターンごとに技術を身に付けた上で、３～４工程の作業を１度で把握する練習をするとよいでしょう。特にこの問題では「切る・貼る・塗る」といった基本の作業だけが出題されています。お子さまなりのもので構わないので、ていねいな作業を心がけましょう。

【おすすめ問題集】
Ｊｒ・ウォッチャー23「切る・貼る・塗る」、実践 ゆびさきトレーニング①②③

問題33　分野：お話の記憶

集中　聞く

〈準　備〉　クーピーペン（黒）

〈問　題〉　**この問題の絵は縦に使用してください。**
お話を聞いて後の質問を答えてください。
クマさんはいつもやさしくて山の人気者です。今日はクマさんのお誕生日のパーティーがあるので、山のみんなはクマさんが喜ぶプレゼントを持っていこうと走り回っています。タヌキさんは両手にいっぱいのドングリを集めました。今にも手からこぼれてしまいそうです。サルさんはごちそうを乗せるために大きな葉っぱを探してきました。いつもは意地悪なキツネさんも四角いカゴいっぱいにクリを入れています。するとヘビさんが大声を出しながらやってきました。「大変だー！　ハリネズミさんが溺れているよー！　川で溺れているよー！」「えー!!」サルさんとリスさんは急いで川まで走って行きました。「ハリネズミさーん、ハリネズミさーん」大声で呼ぶとハリネズミさんはちょうど川岸に這い上がって来たところでした。びしょぬれのハリネズミさんはふうふう言いながら「大丈夫、大丈夫」と言いました。「もう、ビックリさせないでよ。無事でよかった」一生懸命走って来たリスさんはプレゼントに取ってきたブドウを途中で落としてしまいました。「ごめんね、クマさんが大好きなサケをプレゼントしたくて捕ろうとしていたら足がすべっちゃったんだ。でも、ほらサケはちゃんと捕まえたんだよ」ハリネズミさんはニコニコしながらみんなに魚を見せました。それからみんなはリスさんが落としたブドウを拾ってクマさんのお家へ行きました。楽しいパーティーの始まりです。

（問題33－１の絵を見せて）
①左からお話の順番に並んでいる絵に○をつけてください。
（問題33－２の絵を見せて）
②タヌキさんのプレゼントに×、キツネさんのプレゼントに△、サルさんのプレゼントに□、ハリネズミさんのプレゼントに○、リスさんのプレゼントに◎をつけてください。
③川で溺れていたのは誰ですか？　○をつけてください。
④大声を出したのは誰ですか？　○をつけてください。

〈時間〉　①②各30秒　③④各15秒

〈解答〉　①上から２段目
②ドングリ：×　クリ：△　葉っぱ：□　サケ：○　ブドウ：◎
③右から２番目（ハリネズミ）　④右端（ヘビ）

学習のポイント

登場人物が多いお話を聞く時には、「誰が」「何をした」を記憶しておく必要があります。やみくもに記憶しようとするのではなく、情景をしっかりと頭に思い浮かべて記憶するようにしましょう。短いお話からでも構いませんので、ゆっくりと保護者の方は読み聞かせをして、お話の途中や終わりに「誰が出てきたの？」「何をしたの？」「どんな景色？」など、質問をしてみてください。そうするとお子さまは、思い出そうとして、結果的にそれが頭の中で情景を思い浮かべて記憶することにつながっていきます。

【おすすめ問題集】
お話の記憶 初級編・中級編・上級編、Ｊｒ・ウォッチャー19「お話の記憶」、34「季節」

問題34　分野：数量（選んで数える）

集中　考え

〈準備〉　クーピーペン（黒）

〈問題〉　この問題の絵は縦に使用してください。
①☆の数を数えて、サクランボの四角の中にその数だけ○を書きましょう。
②△と▼の数を数えて合わせた数だけバナナの四角の中に○を書きましょう。
③長い四角の数を数えて、イチゴの四角の中にその数だけ○を書きましょう。

〈時間〉　各20秒

〈解答〉　①○：６　②○：12　③○：７

学習のポイント

数の問題は、おはじきなどの具体物を実際に繰り返し使うことで、慣れていきましょう。慣れていけば、だいたいの数が把握できるようになっていきます。理想としては、10までの数を素早く数えられるようになりたいものですが、この時期は学習の土台を作る時期なので、それぐらいの数を数えられなくても、一目見て、どちらかの数の多少がわかるというぐらいにはしておきましょう。

【おすすめ問題集】
Ｊｒ・ウォッチャー14「数える」

問題35　分野：数量（１対多の対応）

聞く　考え

〈準備〉　クーピーペン（黒）

〈問題〉　クッキーが６枚ありました。遊びに来たお友だちと３人で仲良く分けました。お母さんが来て、３人にもう２枚ずつクッキーをくれました。今、私が持っているクッキーは何枚ですか。その数のクッキーが入っているお皿に○をつけてください。

〈時間〉　20秒

〈解答〉　上の段の右端

学習のポイント

おはじきなどの具体物で数に慣れたら、今度は家族やお友だちとお菓子などを分けたりするなど、実際に生活の中で数を扱いましょう。この問題に限らず何かものごとを体験しながら行う学習は、机の上での学習よりも印象に残るはずです。ですから、体験の機会があれば、保護者の方はぜひその機会をお子さまに活用してください。また、この問題は解答時間が短いので、問題を解くスピードも必要です。効率よく答えるにはどのようにしたらよいのかも同時に考えたいところです。

【おすすめ問題集】
Ｊｒ・ウォッチャー14「数える」、42「一対多の対応」

問題36　分野：推理

集中　観察

〈準備〉　クーピーペン（黒）

〈問題〉　箱の中にいろいろな長さの棒が入っています。１本につなげると１番長くなるのはどの箱ですか。○をつけてください。

〈時間〉　各15秒

〈解答〉　右下

学習のポイント

比較の問題です。比較の問題が推理の問題に分類されるのは、「これが１番長い（大きい）、１番短い（小さい）」ということを感覚的に決めるのではなく、そこに「～だから～だ」という理屈があるからです。論理的思考と言ったりしますが、この考え方は小学校受験だけではなく、将来の学習でも必要とされるものです。この問題でも消去法でそれぞれの箱を比較していけば、長い棒が２本、中ぐらいの棒が１本、短い棒が１本という組み合わせを合わせると１番長いはずという結論が出てきます。評価されるのは答えですが、思考のプロセスも大事、というのが推理の問題であると保護者の方は考えておいてください。

【おすすめ問題集】

Ｊｒ・ウォッチャー31「推理思考」

問題37　分野：常識

観察　考え

〈準備〉　クーピーペン（黒）

〈問題〉　①上の段を見てください。この中に１つだけ違う仲間のものがあります。それに○をつけてください。
②下の段を見てください。左側のようにリンゴを切ると切り口はどの様に見えますか。正しいものに○をつけてください。

〈時間〉　各20秒

〈解答〉　①飛行機（空を飛ぶ）　②右から２番目
※①はほかの答えでも納得できる理由があれば正解とする。

学習のポイント

理科分野の常識問題です。当校では動植物の生態や特徴についての問題が過去に出題されています。動物の場合は、卵から産まれるもの、卵の形、子ども（幼生）時代の特徴、生息場所などです。植物の場合は、花の名前、種や葉の形、実が育つ場所などです。それらを深く知る必要はありませんが、基本的なことは整理しておきましょう。図鑑や映像資料などを使って覚えることが多いと思いますが、その際には、「知る・覚える・理解する」だけでなく、特徴的な部分に注目して「区別できる」ようにしてください。実際の試験では、イラストではなく写真が提示されることがあります。

【おすすめ問題集】

Ｊｒ・ウォッチャー11「いろいろな仲間」、27「理科」、55「理科②」

問題38　分野：言語

知識　語彙

〈準 備〉　クーピーペン（黒）

〈問 題〉　①上の段を見てください。
　絵の中から名前の音の数が１番多いものに○をつけてください。
②下の段を見てください。
　絵の中から名前の最初が「さ」の音で始まるものに○をつけてください。

〈時 間〉　１分

〈解 答〉　①カタツムリ　②○：サイ、サイコロ、サクランボ

学習のポイント

当校の言語分野の問題では、以前は言葉の意味を問うものが多かったのですが、近年は言葉の音が扱われるようになってきています。特に難しい問題ではありませんが、「言葉はいくつかの音の組み合わせ」という認識が薄いお子さまは難しく感じるかもしれません。そういったお子さまには言葉を一音ずつ区切って発音させるとよいでしょう。「かたつむり」ではなく、「か」、「た」、「つ」、「む」、「り」と発音させるのです。いやでも言葉が「音の組み合わせ」ということを覚えるはずです。

【おすすめ問題集】

Ｊｒ・ウォッチャー17「言葉の音遊び」、18「いろいろな言葉」

問題39　分野：図形（回転図形）

集中　考え

〈準 備〉　クーピーペン（黒）

〈問 題〉　**この問題の絵は縦に使用してください。**
上の四角の図形を右に回転させると、どの図形になりますか。下の四角の中から正しいものを選んで○をつけてください。

〈時 間〉　15秒

〈解 答〉　左上

学習のポイント

回転図形の問題です。見本の図形を右に回転させると、▼の部分に描かれている△が上にくるのがわかります。これがイメージできれば、この問題に答えるのは簡単でしょう。いきなりは難しいかもしれないので、実際に問題の絵を回転させてどうなるかをお子さまに見せて理解してもらうのも１つの方法です。しかし、実際の試験ではできないことなのでいずれは「頭の中で図形を操作する（回転させる、移動させるなど）」という技術が必要になってきます。段階を踏みながら学習を進めていきましょう。

【おすすめ問題集】
　Ｊｒ・ウォッチャー46「回転図形」

問題40　分野：行動観察（言語・発表力）

話す　協調

〈準 備〉　サイコロ

〈問 題〉　**この問題の絵はありません。**
（5～6人のグループで行う）
順番でサイコロを転がして、1の目が出たら好きな食べもの、2の目が出たら好きな乗りもの、3の目が出たら大きくなったらなりたいもの、4の目が出たら好きな昔話、5の目が出たら好きな動物、6の目が出たら自分が得意なことのお話をしてください。

〈時 間〉　適宜

〈解 答〉　省略

学習のポイント

ここでもサイコロに合わせて指示が出ているので、その指示を把握してから発言するようにしましょう。発言内容はよほど常識から外れていなければそれほど悪い評価は受けないはずです。少々であれば「個性の表現」と好意的に受け止めてくれるでしょう。

【おすすめ問題集】
　Ｊｒ・ウォッチャー29「行動観察」

森村学園初等部　専用注文書

年　　月　　日

合格のための問題集ベスト・セレクション

＊入試頻出分野ベスト３

1st　お話の記憶
集中力　聞く力

2nd　図　形
観察力　思考力

3rd　推　理
思考力　集中力

どの分野も幅広く出題されているので、特定の分野に絞るのではなく、全体的に学力をつけていくことを意識しましょう。問題の難しさは、基礎レベルができていれば解けるものがほとんどです。

分野	書　名	価格(税抜)	注文	分野	書　名	価格(税抜)	注文
図形	Ｊｒ・ウォッチャー3「パズル」	1,500円	冊	数量	Ｊｒ・ウォッチャー42「一対多の対応」	1,500円	冊
図形	Ｊｒ・ウォッチャー4「同図形探し」	1,500円	冊	図形	Ｊｒ・ウォッチャー46「回転図形」	1,500円	冊
図形	Ｊｒ・ウォッチャー5「回転・展開」	1,500円	冊	言語	Ｊｒ・ウォッチャー49「しりとり」	1,500円	冊
数量	Ｊｒ・ウォッチャー14「数える」	1,500円	冊	推理	Ｊｒ・ウォッチャー50「観覧車」	1,500円	冊
数量	Ｊｒ・ウォッチャー15「比較」	1,500円	冊	数量	Ｊｒ・ウォッチャー58「比較②」	1,500円	冊
言語	Ｊｒ・ウォッチャー17「言葉の音遊び」	1,500円	冊	言語	Ｊｒ・ウォッチャー60「言葉の音（おん）」	1,500円	冊
言語	Ｊｒ・ウォッチャー18「いろいろな言葉」	1,500円	冊		お話の記憶　中級編・上級編	2,000円	各　冊
記憶	Ｊｒ・ウォッチャー19「お話の記憶」	1,500円	冊		１話５分の読み聞かせお話集①②	1,800円	各　冊
記憶	Ｊｒ・ウォッチャー20「見る記憶・聴く記憶」	1,500円	冊		新 個別テスト・口頭試問問題集	2,500円	冊
巧緻性	Ｊｒ・ウォッチャー23「切る・貼る・塗る」	1,500円	冊		面接最強マニュアル	2,000円	冊
行動観察	Ｊｒ・ウォッチャー29「行動観察」	1,500円	冊		面接テスト問題集	2,000円	冊
数量	Ｊｒ・ウォッチャー38「たし算・ひき算１」	1,500円	冊		小学校受験で知っておくべき　125のこと	2,600円	冊
数量	Ｊｒ・ウォッチャー39「たし算・ひき算２」	1,500円	冊		新 小学校受験の入試面接Ｑ＆Ａ	2,600円	冊
数量	Ｊｒ・ウォッチャー40「数を分ける」	1,500円	冊		新 願書・アンケート文例集500	2,600円	冊

合計	冊	円

（フリガナ） 氏　名	電　話 ＦＡＸ E-mail
住 所　〒　　　　－	以前にご注文されたことはございますか。 有　・　無

★お近くの書店、または記載の電話・FAX・ホームページにてご注文をお受けしております。
電話：03-5261-8951　FAX：03-5261-8953　代金は書籍合計金額＋送料がかかります。
※なお、落丁・乱丁以外の理由による商品の返品・交換には応じかねます。
★ご記入頂いた個人に関する情報は、当社にて厳重に管理致します。なお、ご購入の商品発送の他に、当社発行の書籍案内、書籍に関する調査に使用させて頂く場合がございますので、予めご了承ください。

日本学習図書株式会社
http://www.nichigaku.jp

問題 1

森村学園初等部　合格問題集　無断複製/転載を禁ずる

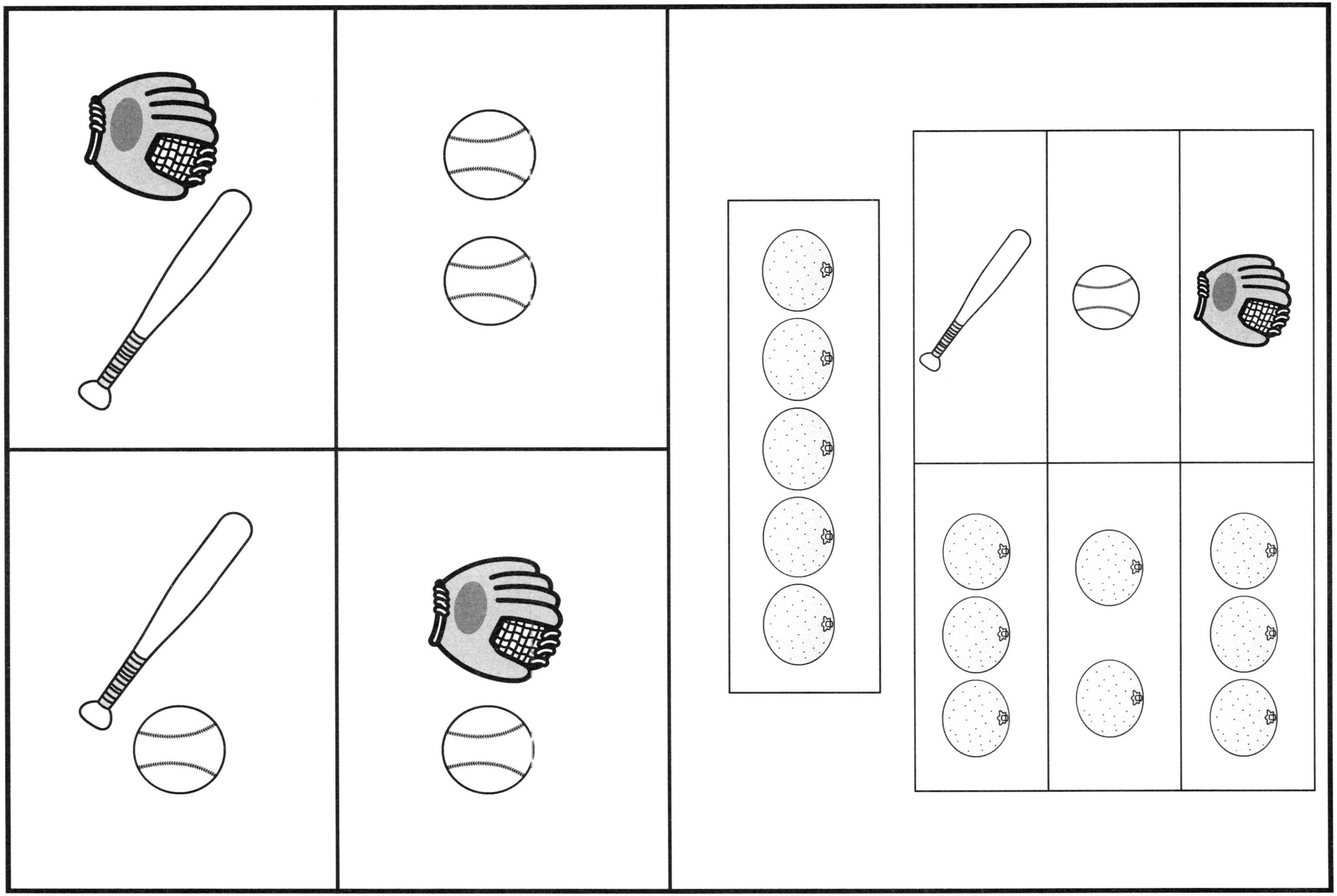

問題3

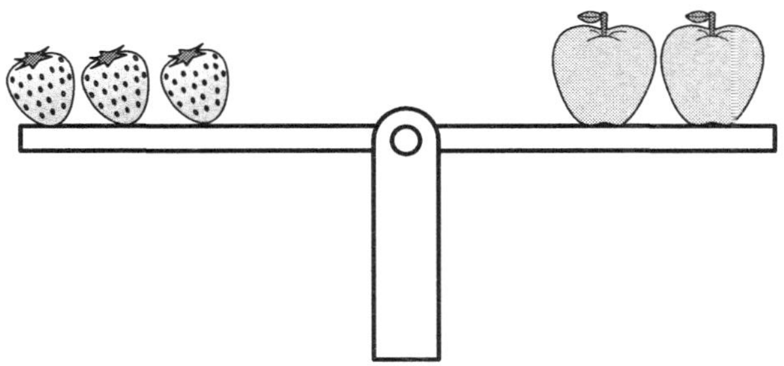

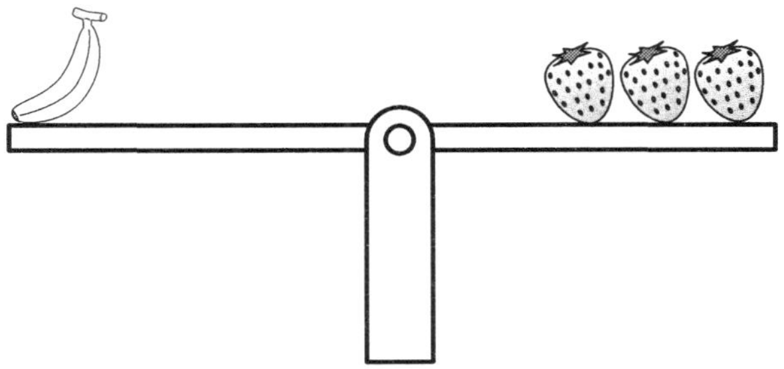

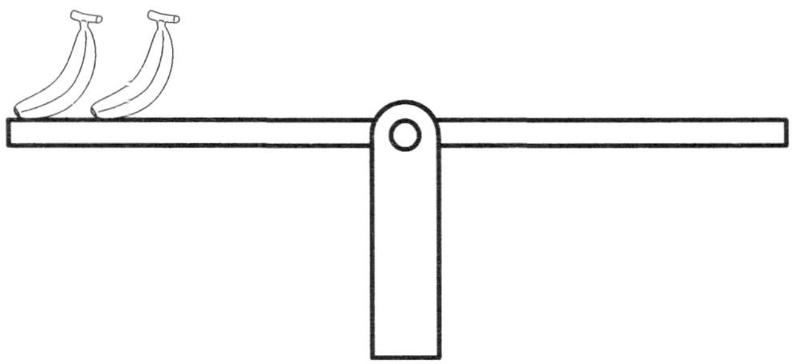

問題4

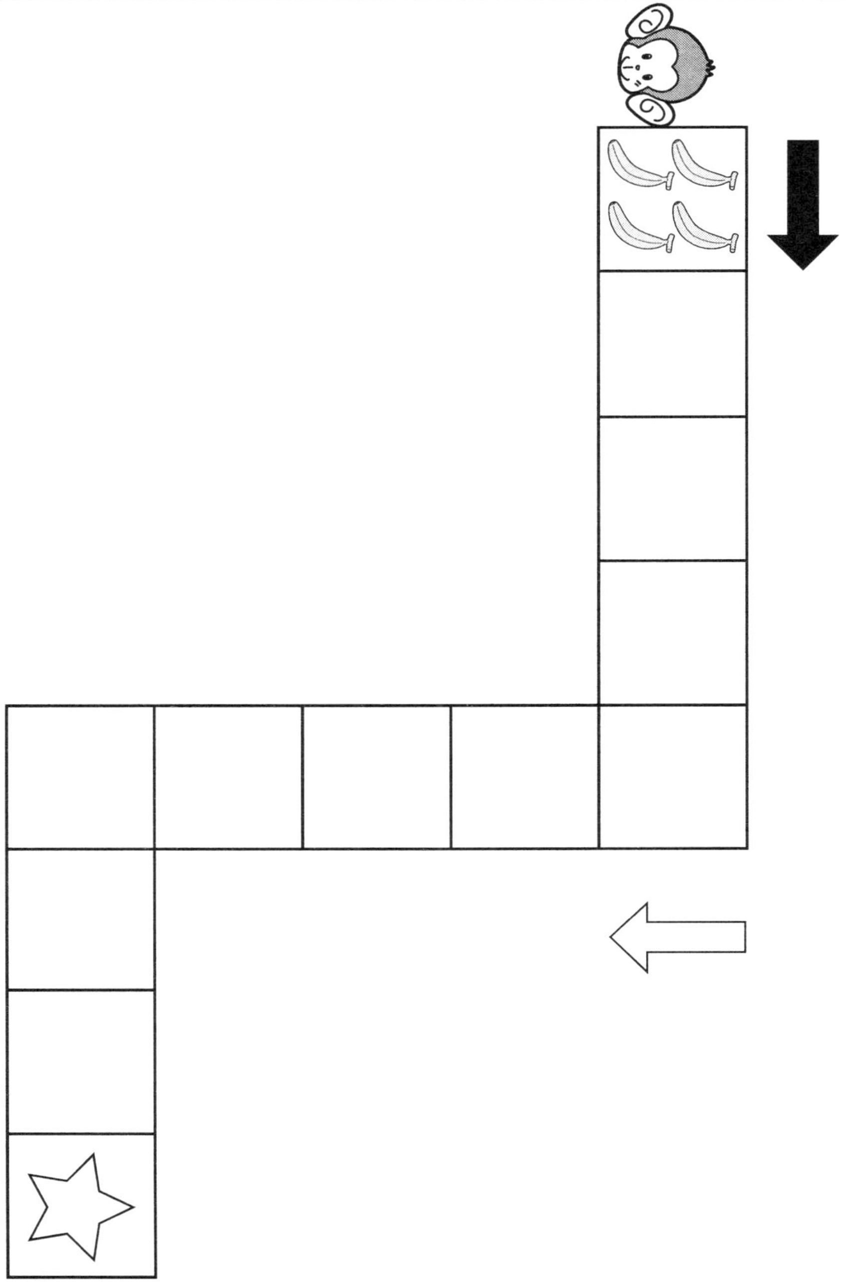

日本学習図書株式会社

問題5

①

②

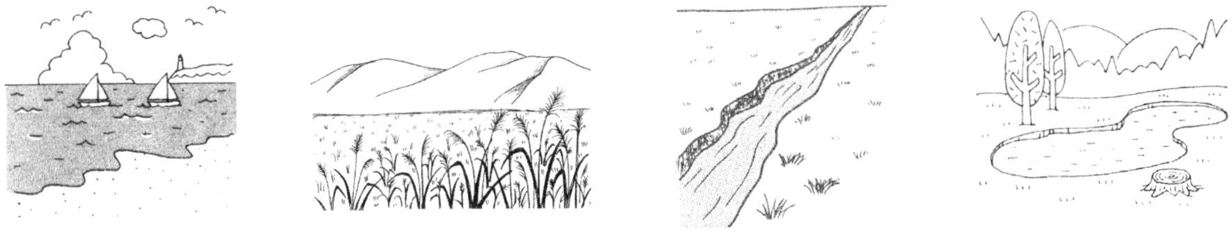

③

④

⑤

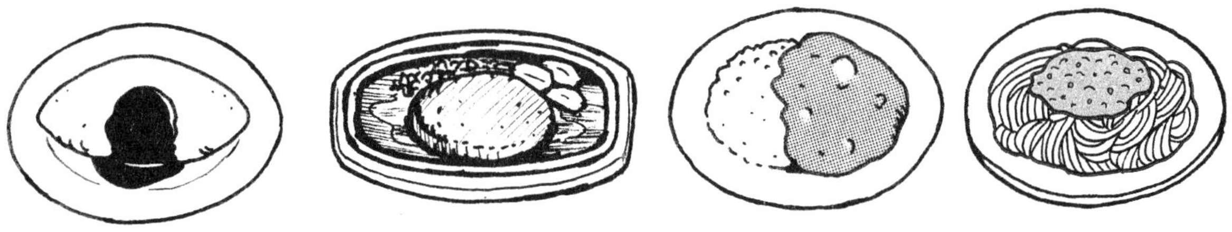

⑥

日本学習図書株式会社

問題6

問題7

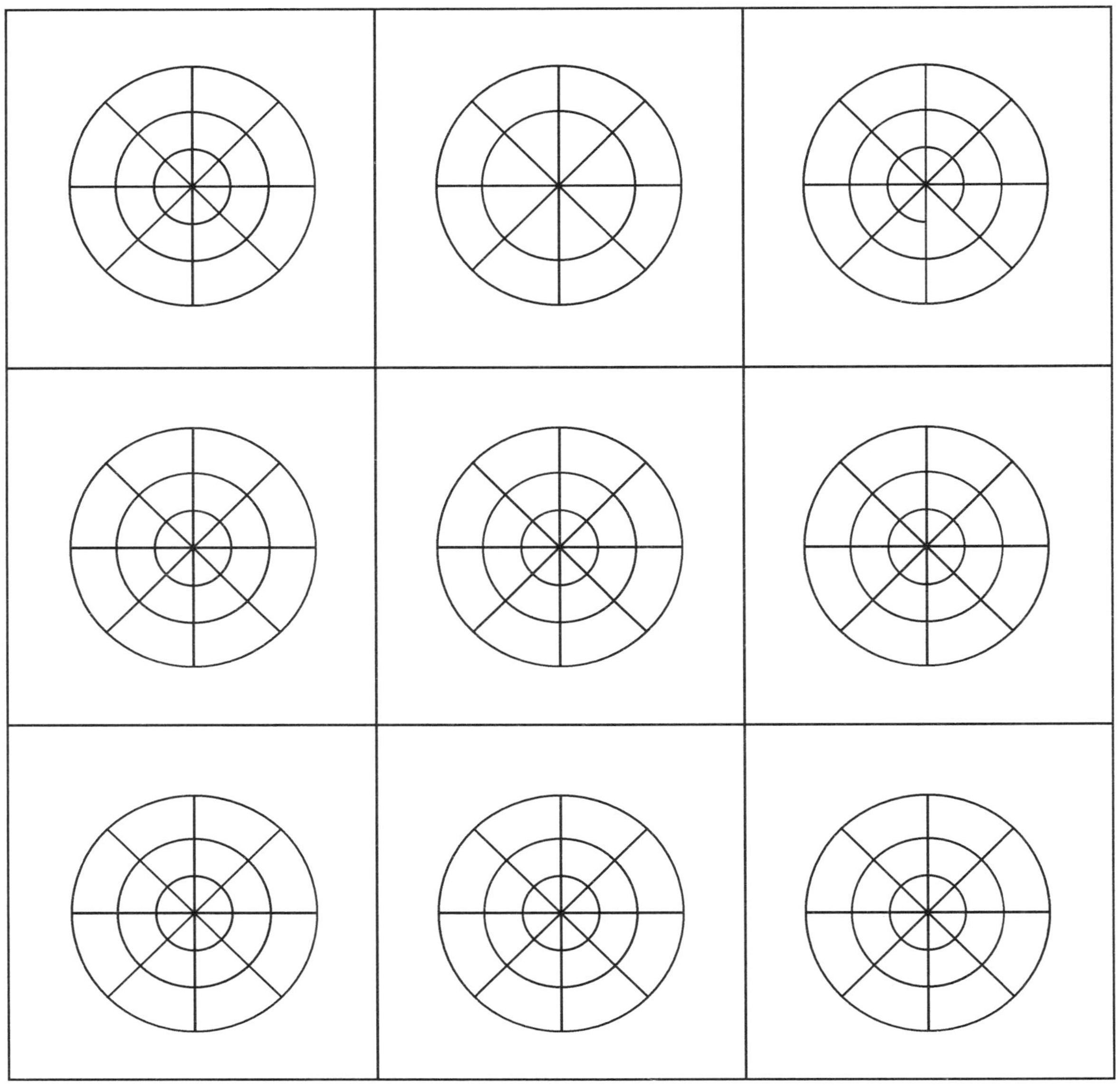

森林学園初等部　合格問題集　無断複製／転載を禁ずる　　　　　　　日本学習図書株式会社

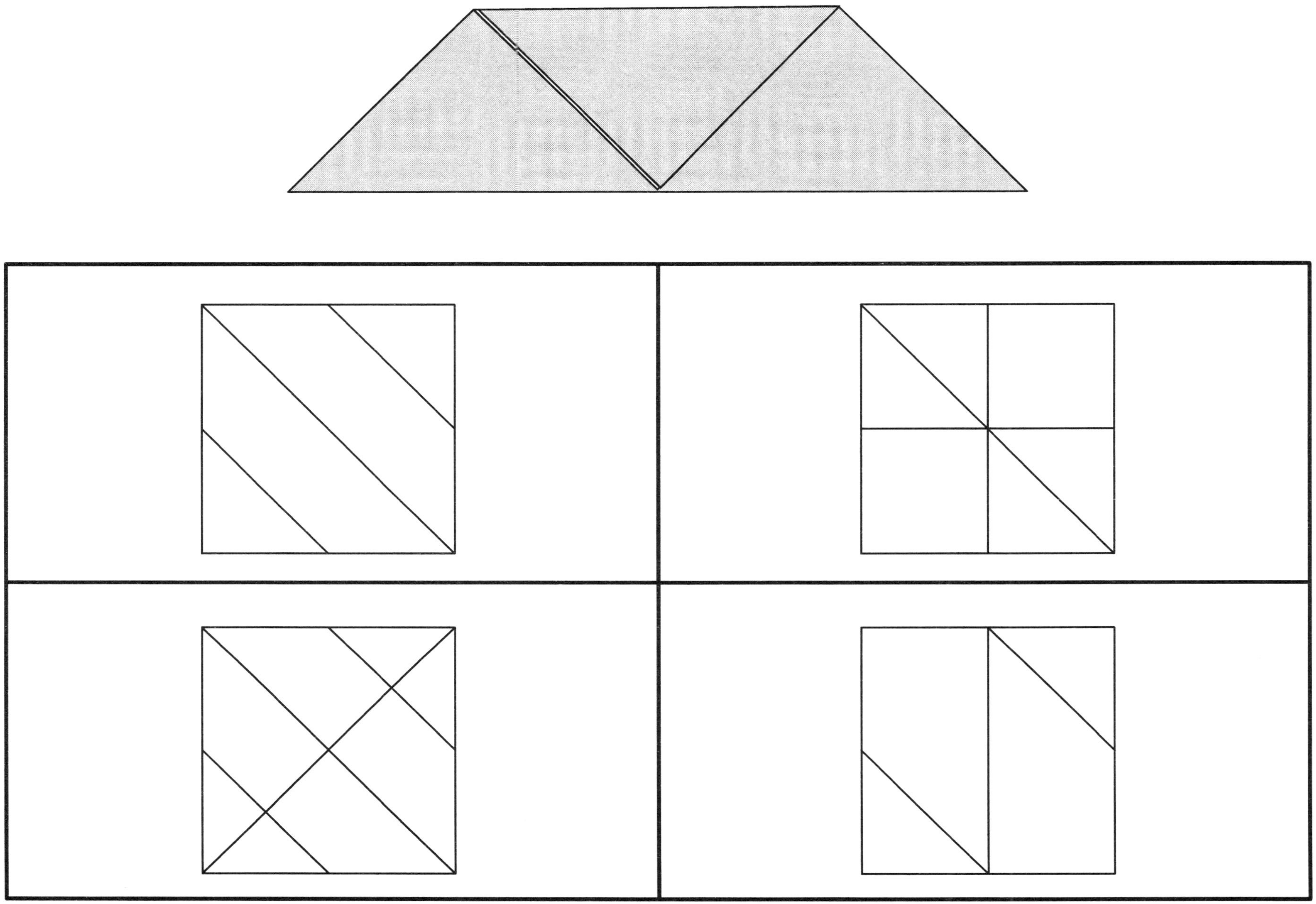

問題9

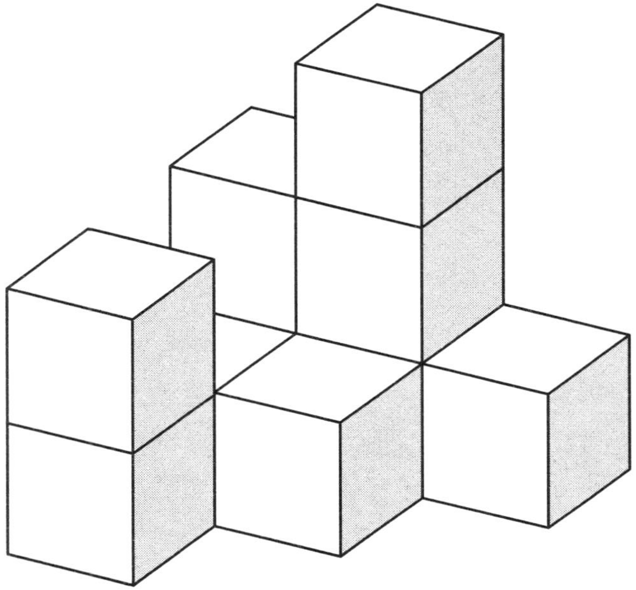

問題１０

問題１１

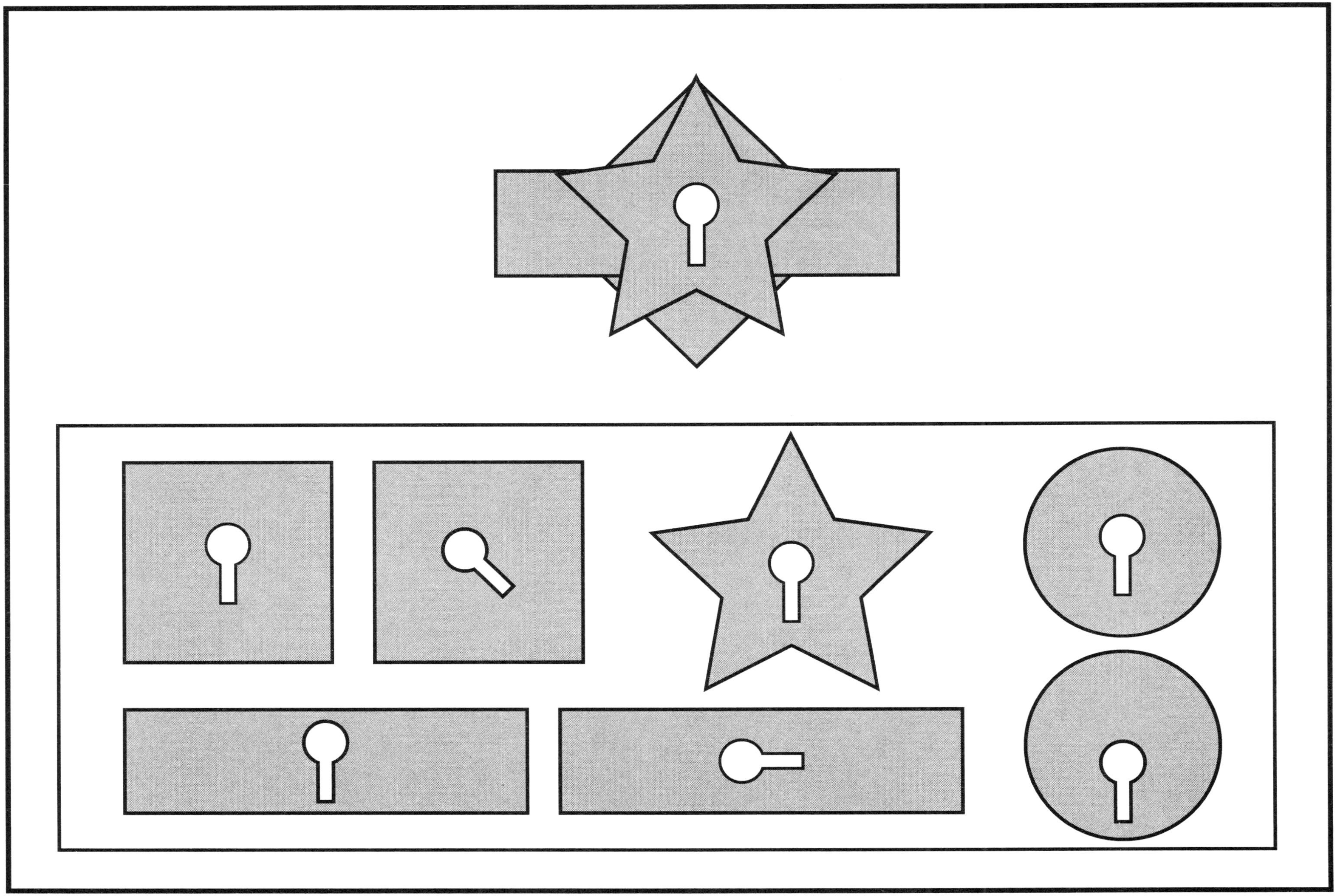

問題１２

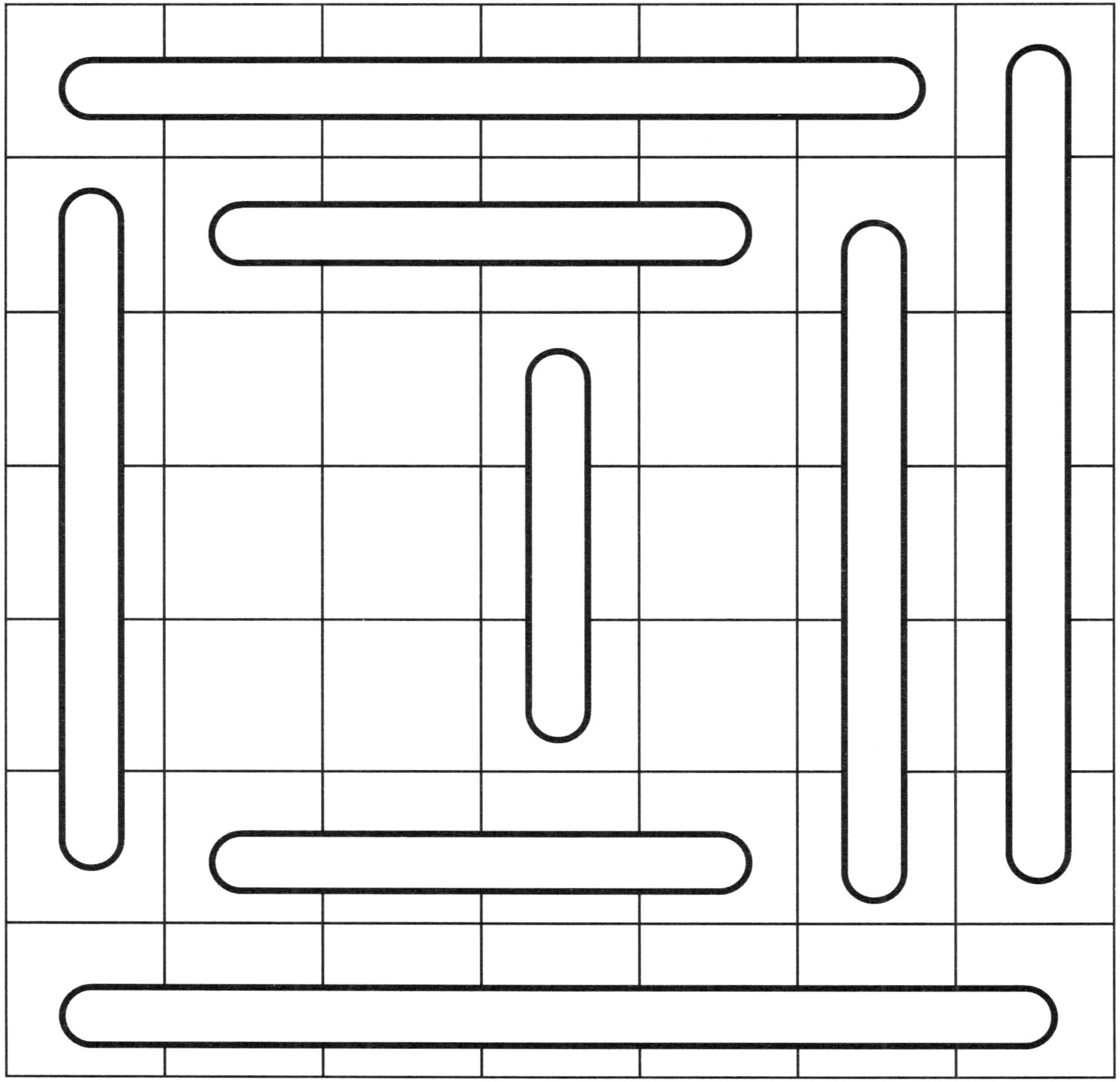

　　日本学習図書株式会社

①

②

③

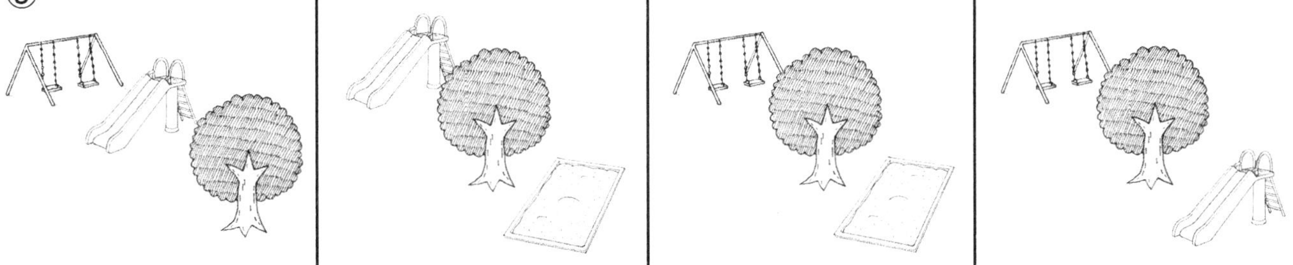

④

⑤

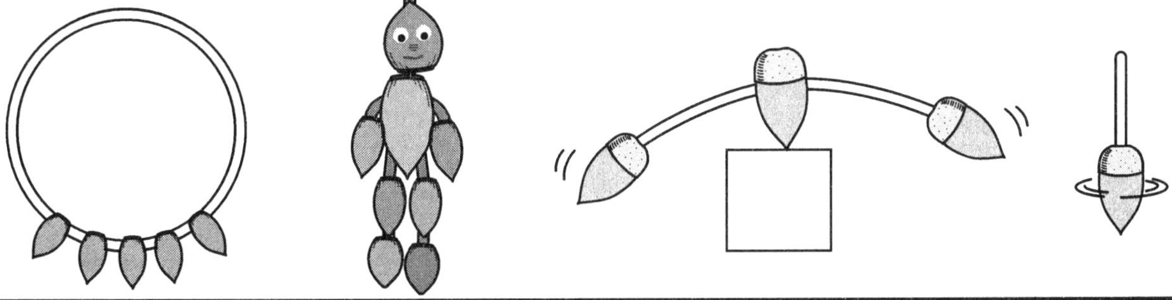

⑥

問題15

①
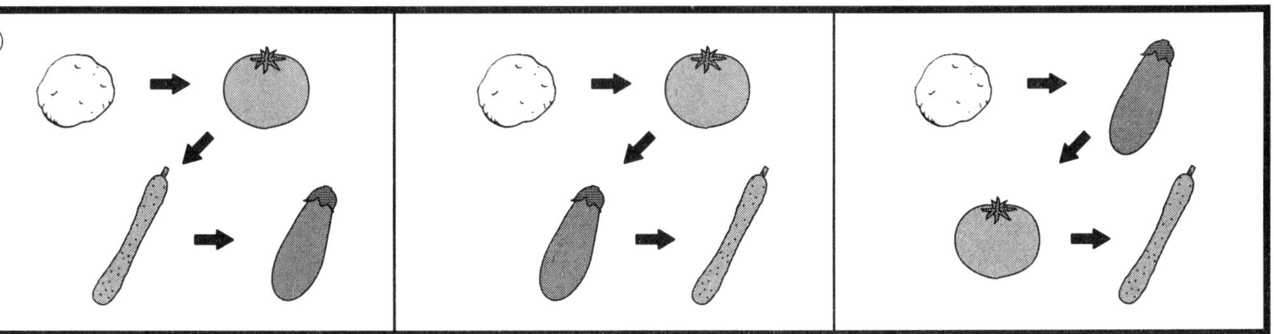

②
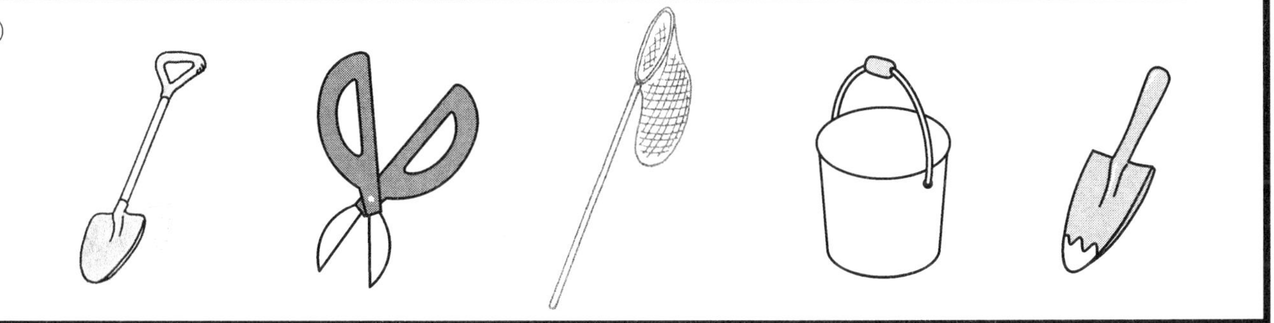

③

④
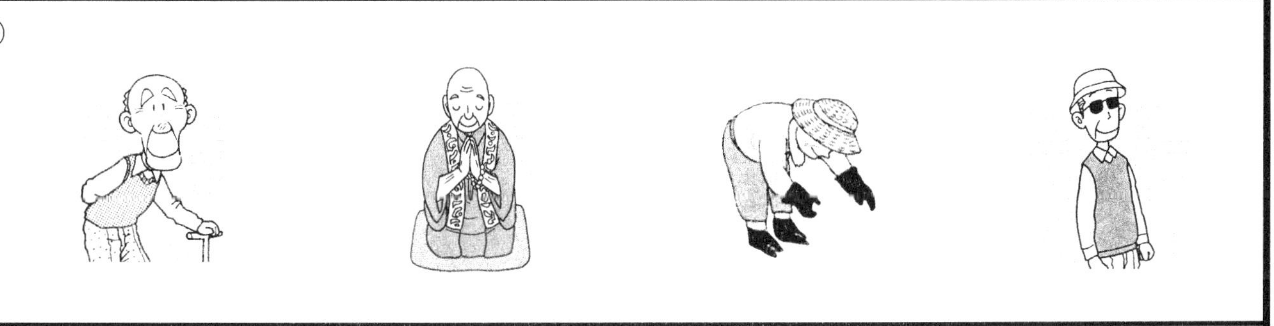

⑤

⑥

日本学習図書株式会社

問題１６

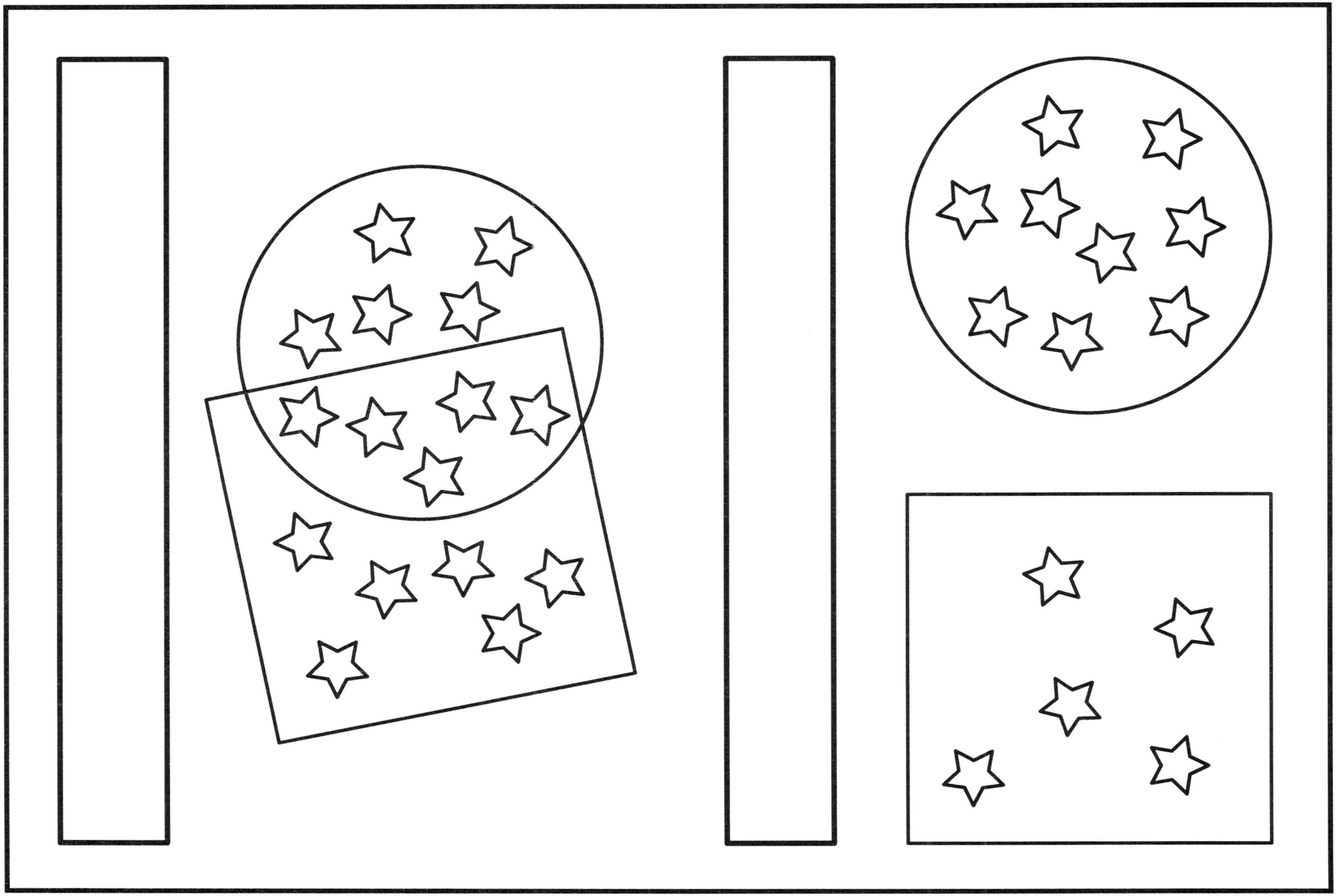

問題１７

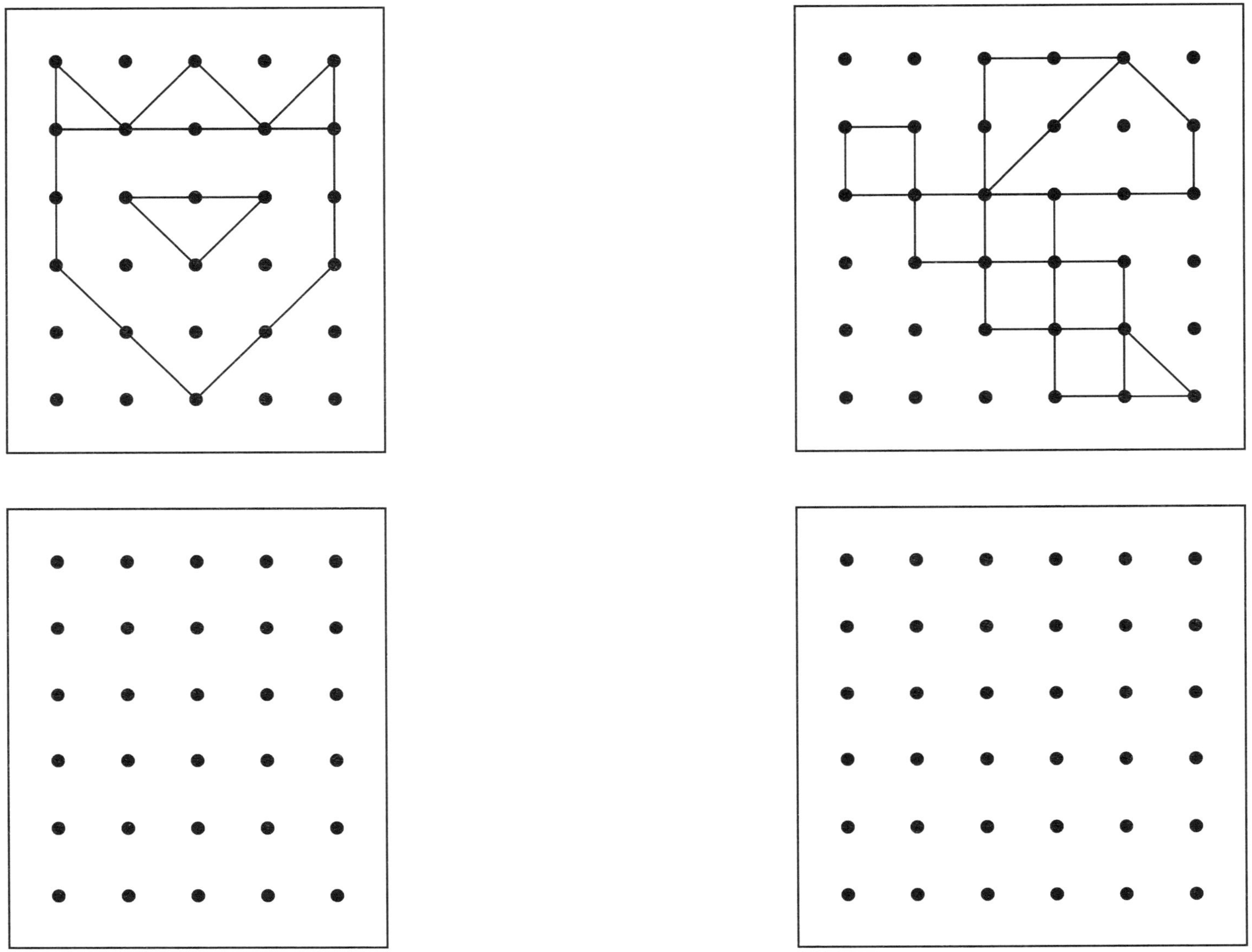

問題18

①

②

③

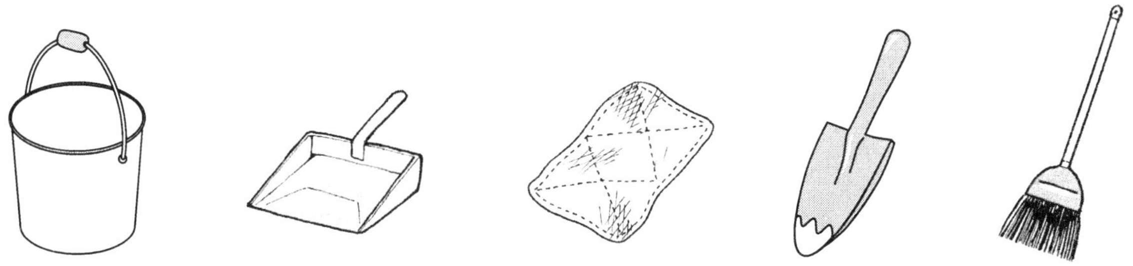

④

⑤

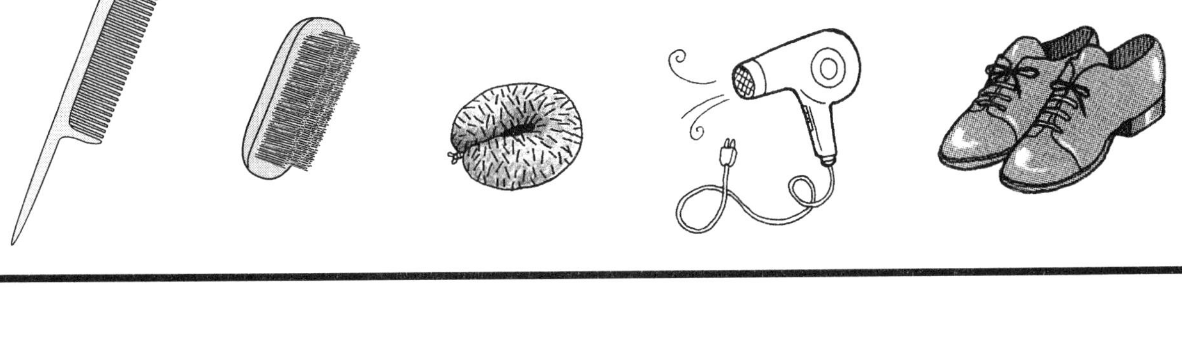

問題１９

問題２０

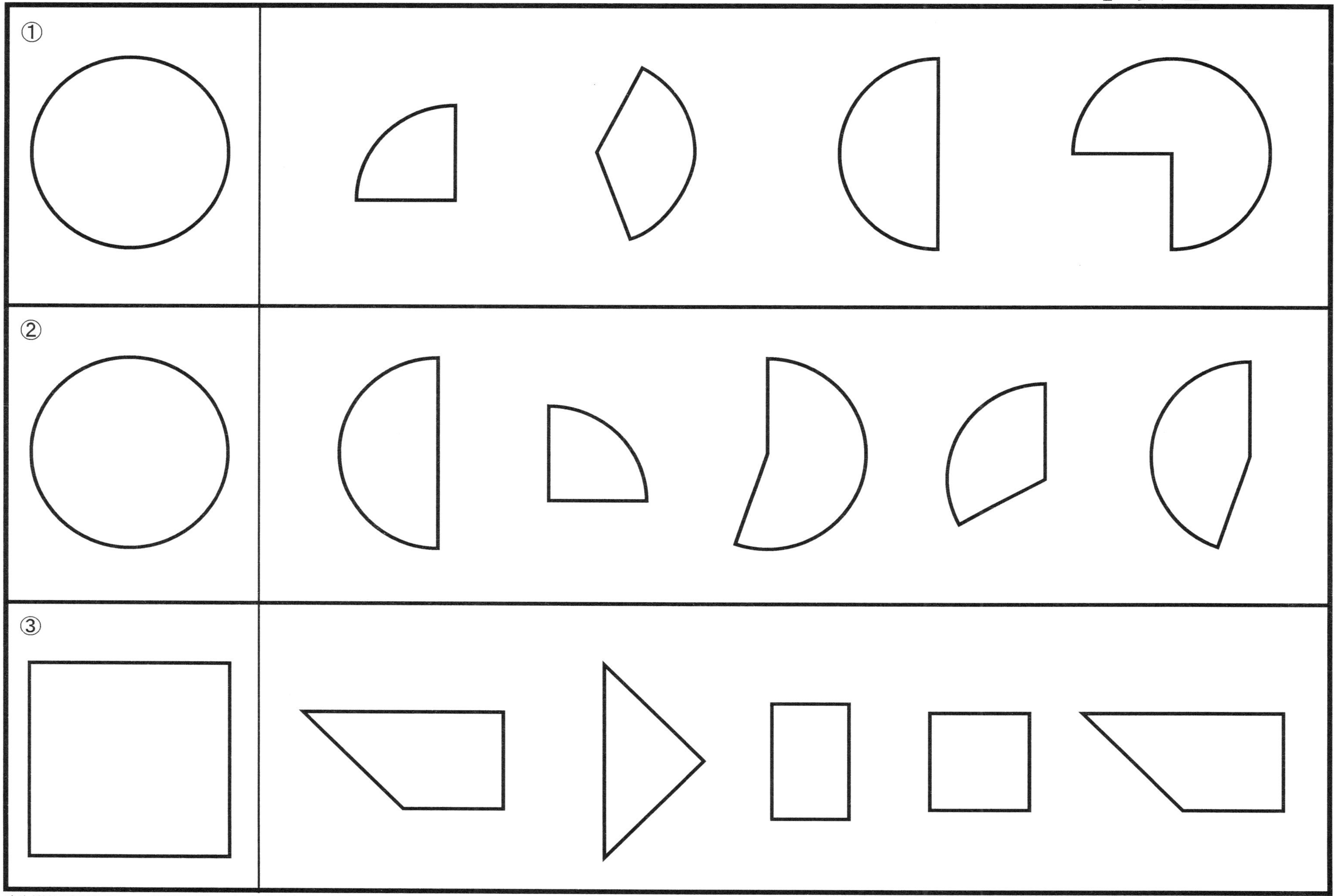

問題２１

日本学習図書株式会社

問題２２

①

②

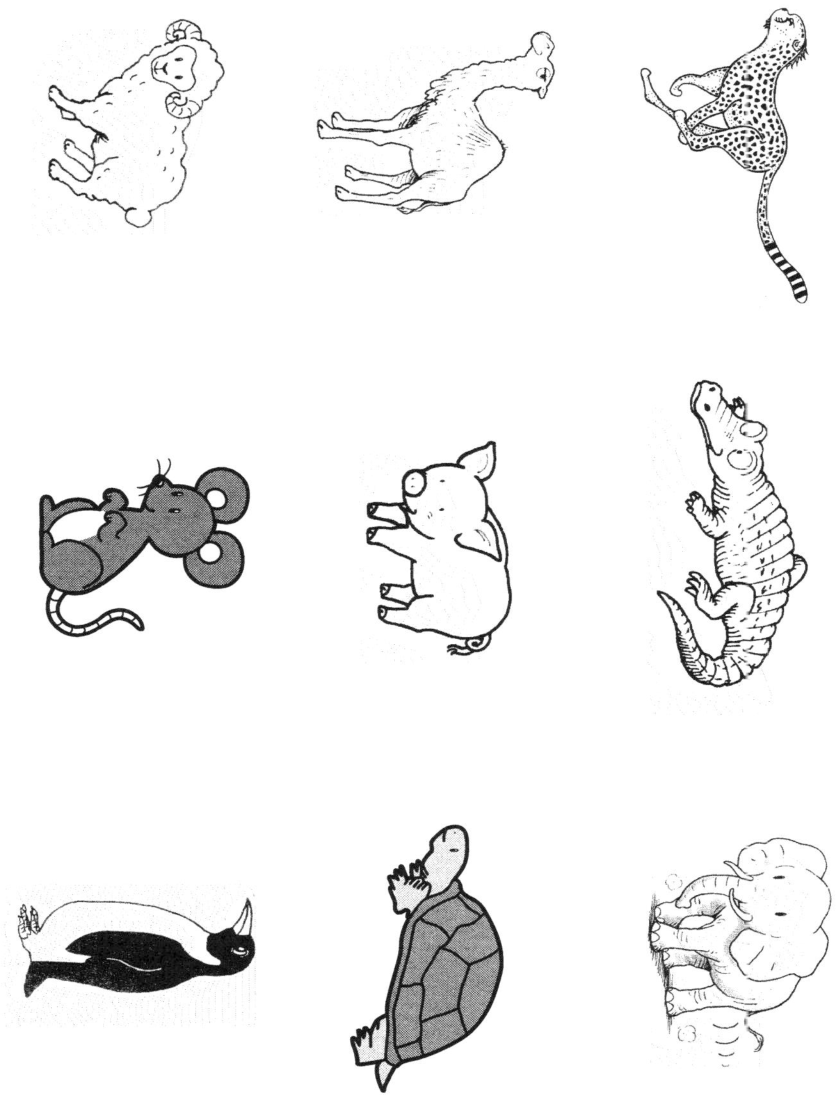

日本学習図書株式会社

森村学園初等部　合格問題集　無断複製／転載を禁ずる　日本学習図書株式会社

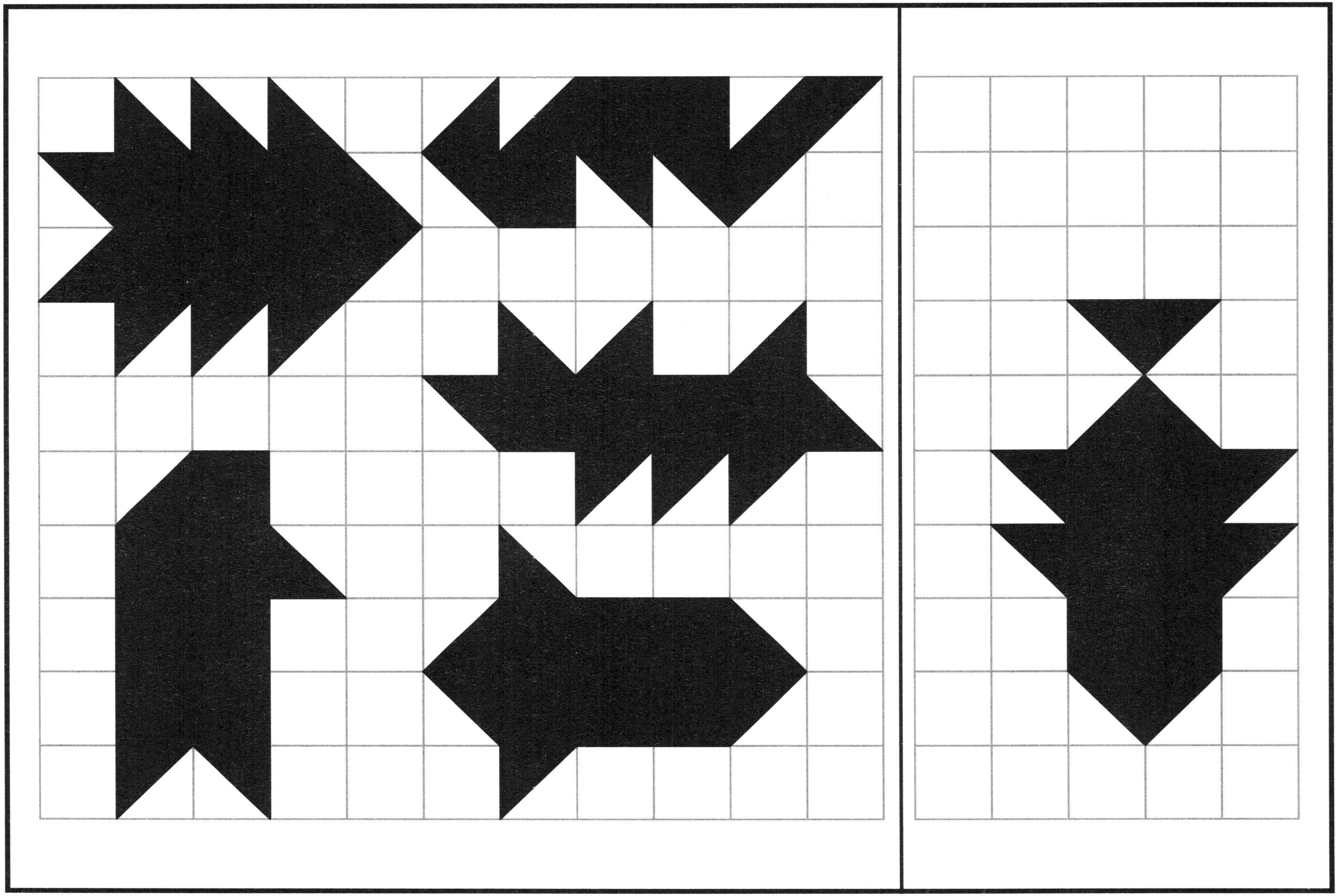

問題２４

①

②

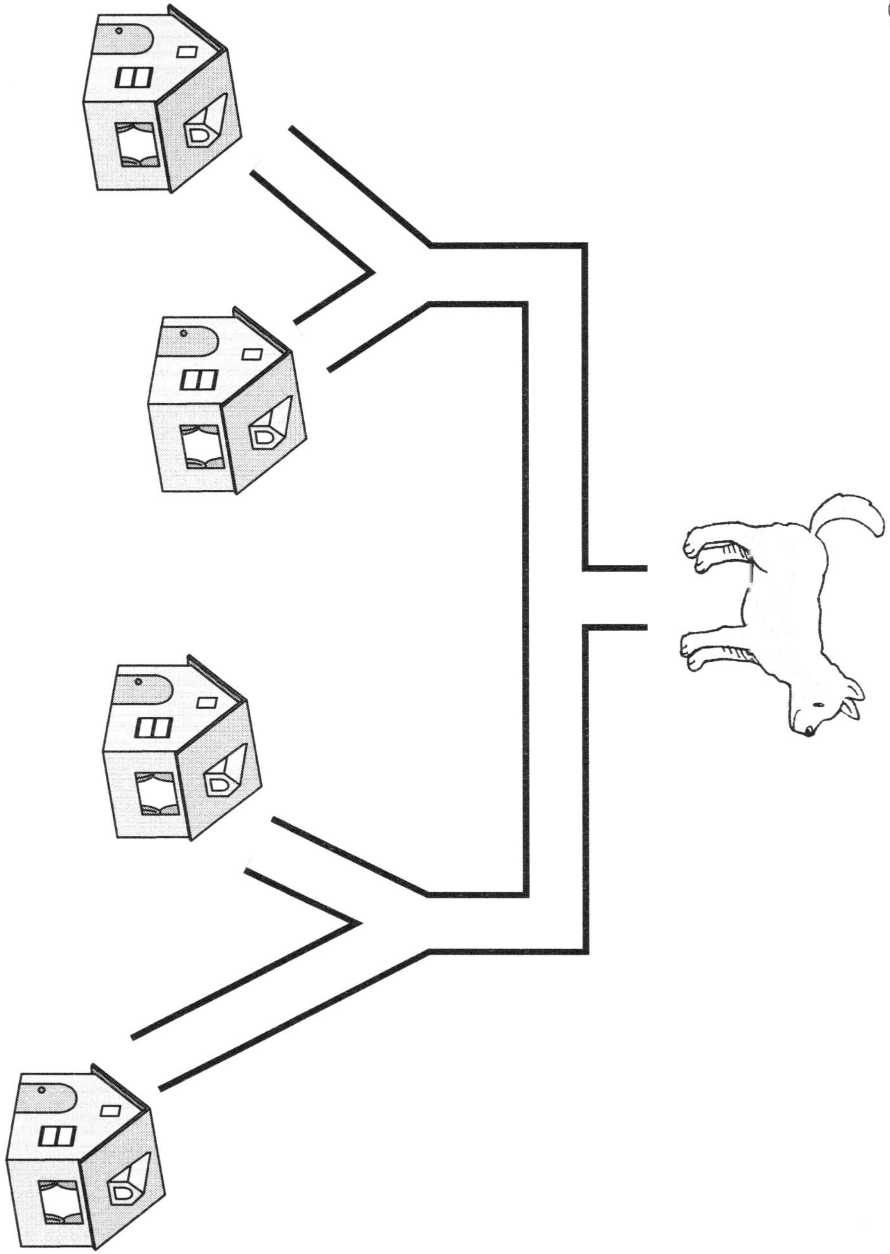

森村学園初等部　合格問題集　無断複製／転載を禁ずる

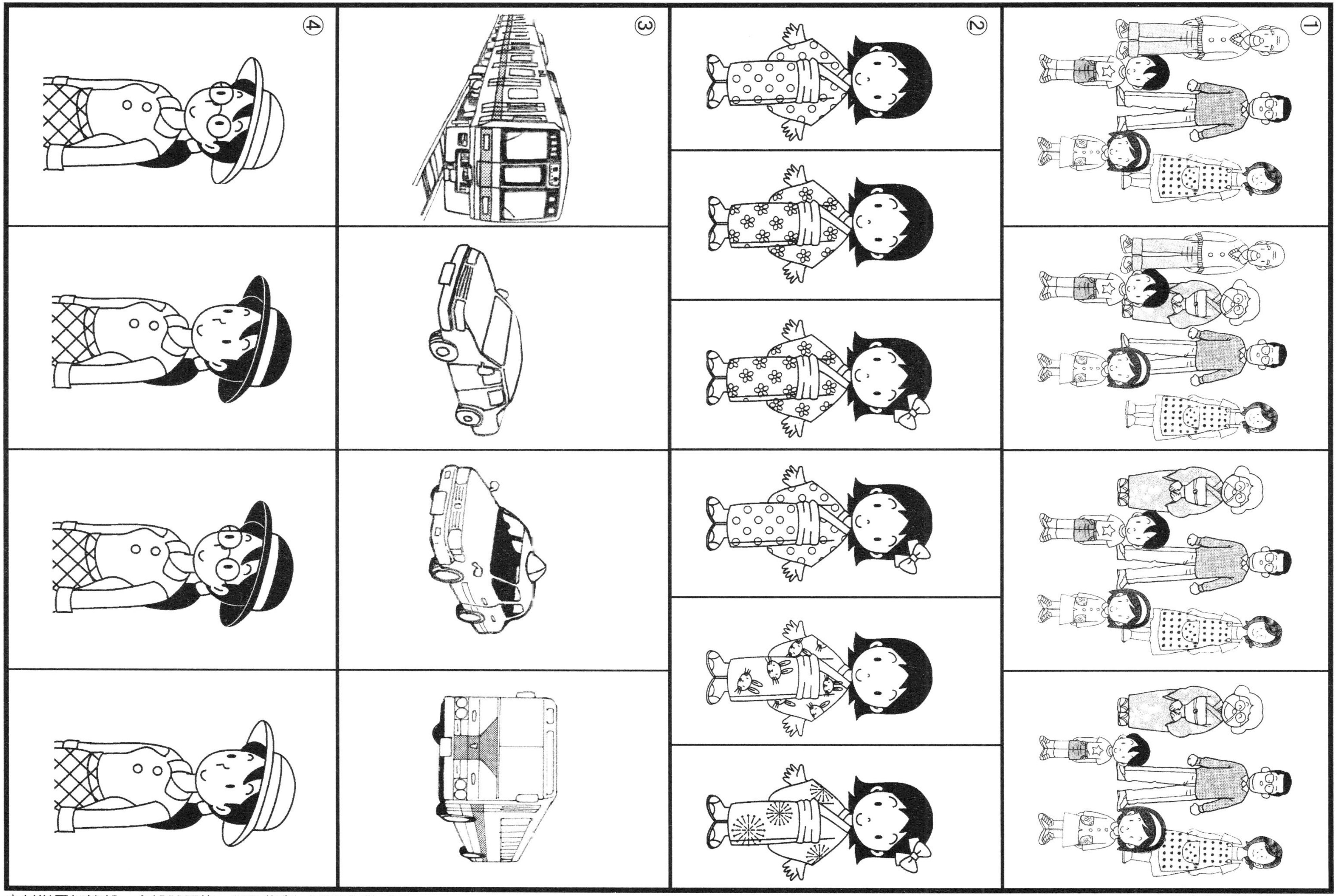

問題２５－２

⑤

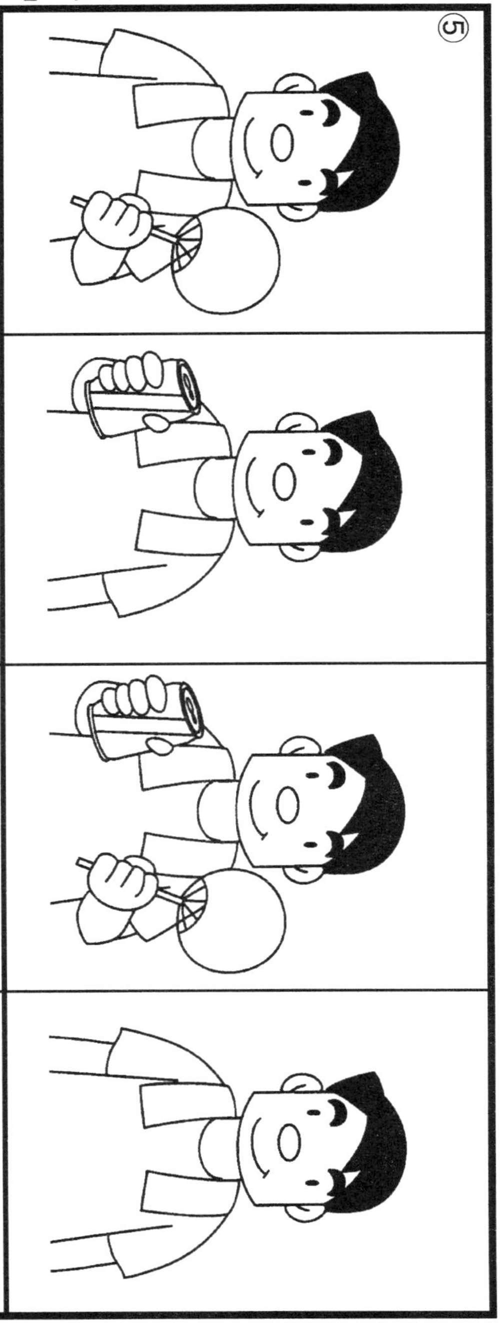

⑥

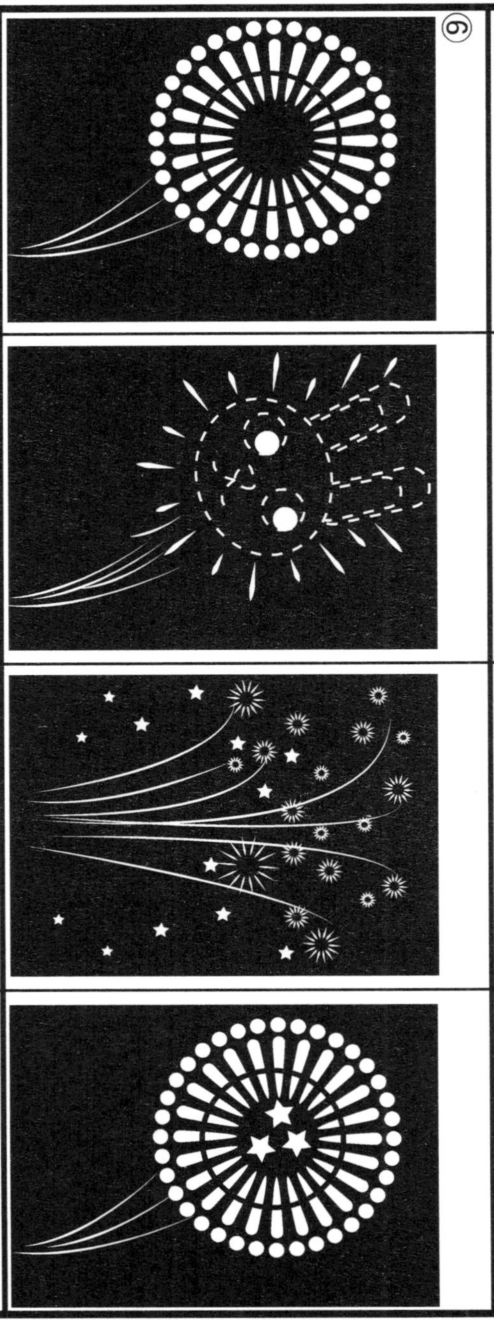

⑦

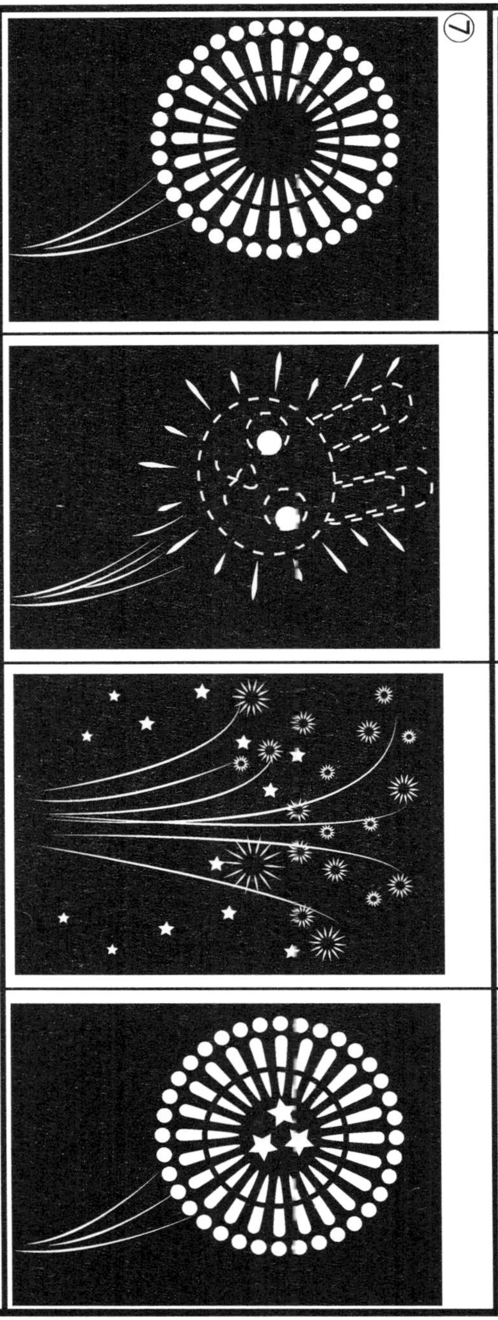

⑧

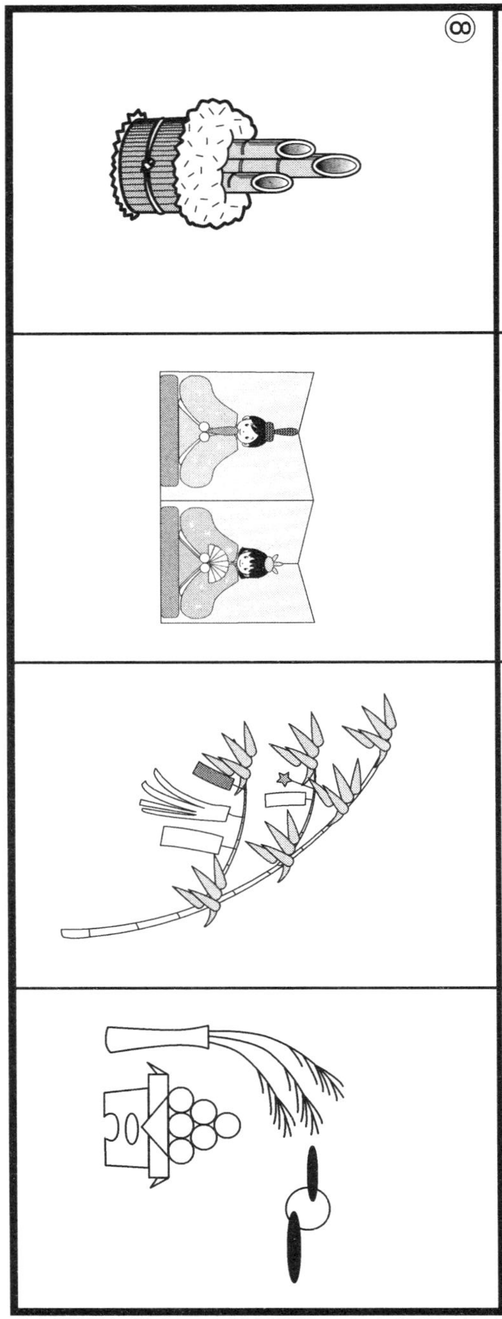

③

④

⑤

⑥

日本学習図書株式会社

森村学園初等部　合格問題集

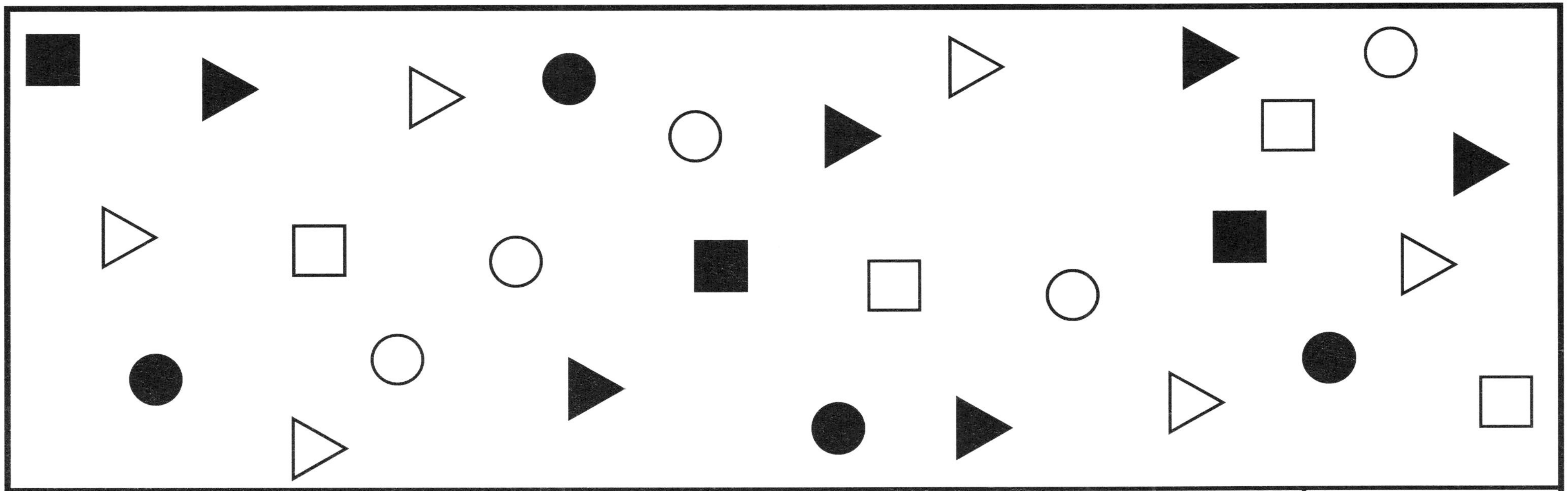

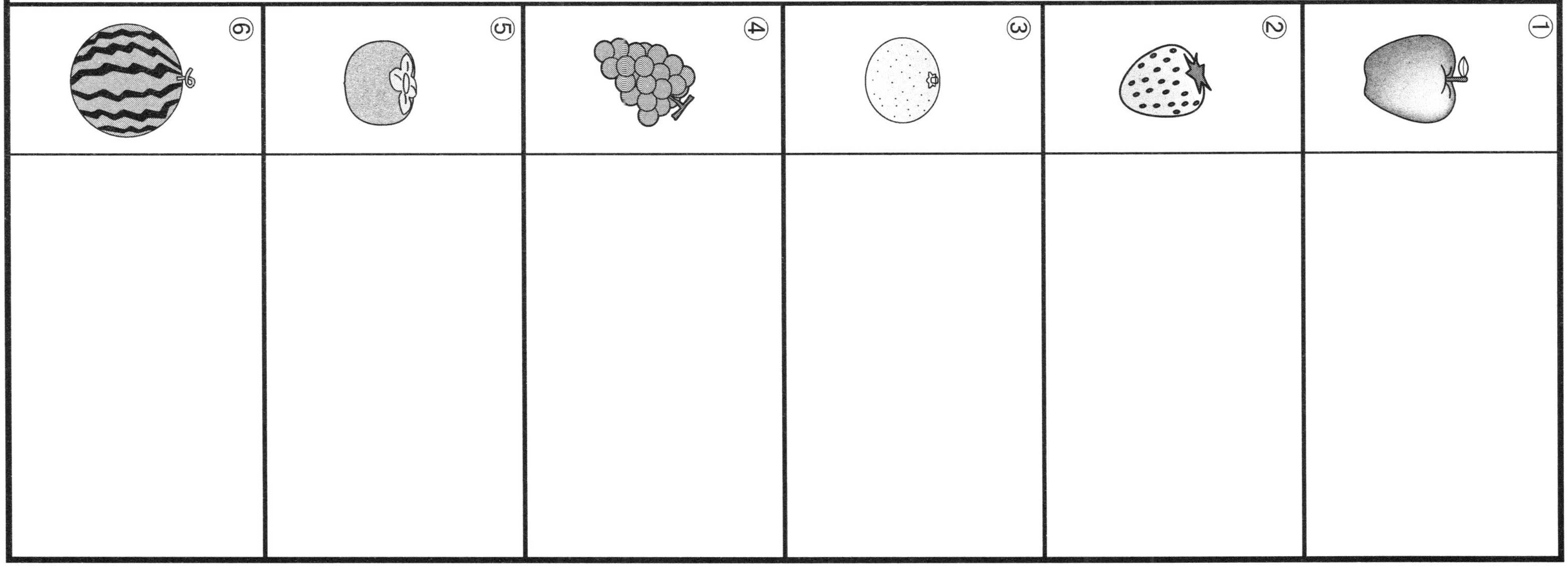

森村学園初等部　合格問題集　無断複製／転載を禁ずる　日本学習図書株式会社

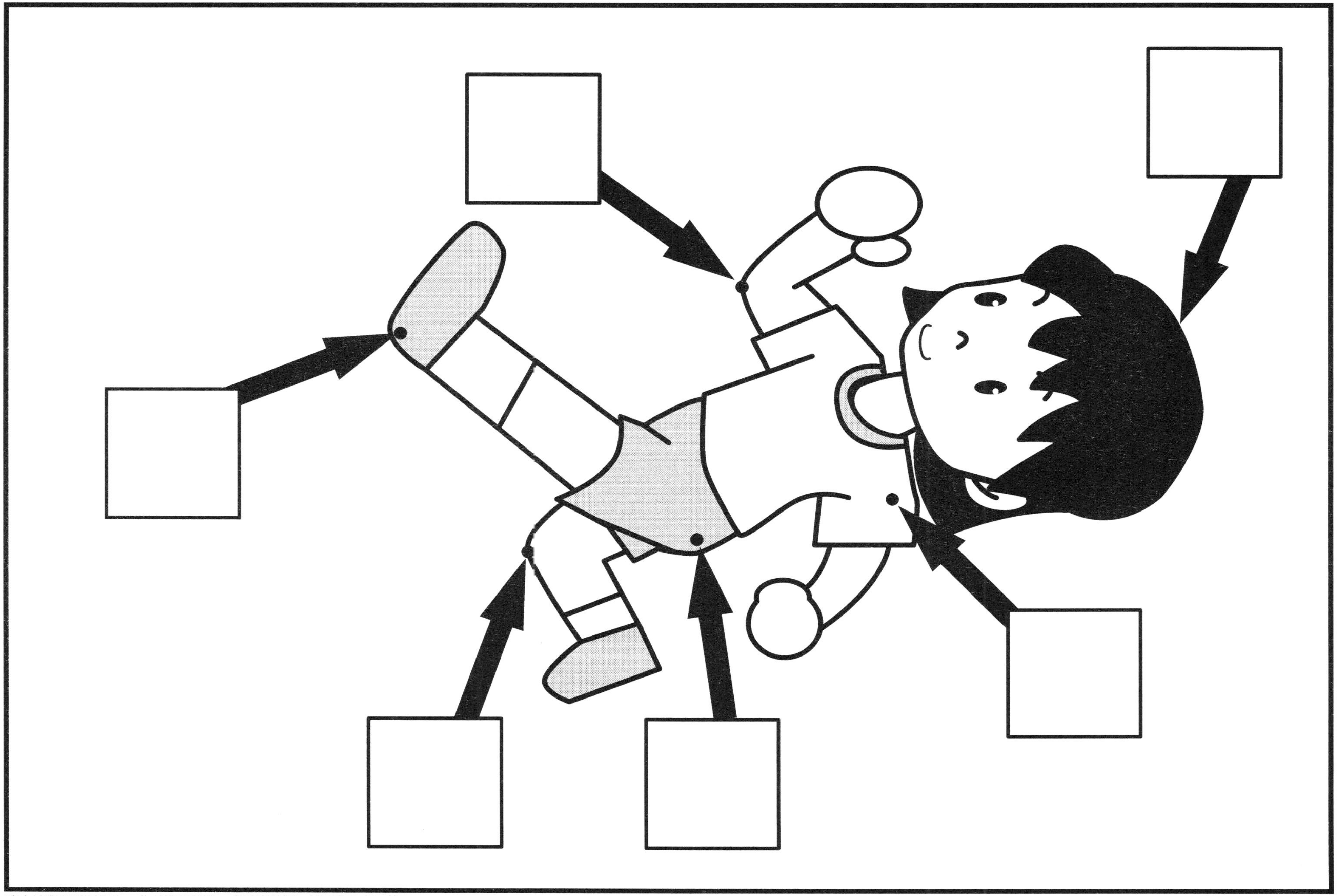

日本学習図書株式会社

森村学園初等部　合格問題集　無断複製／転載を禁ずる

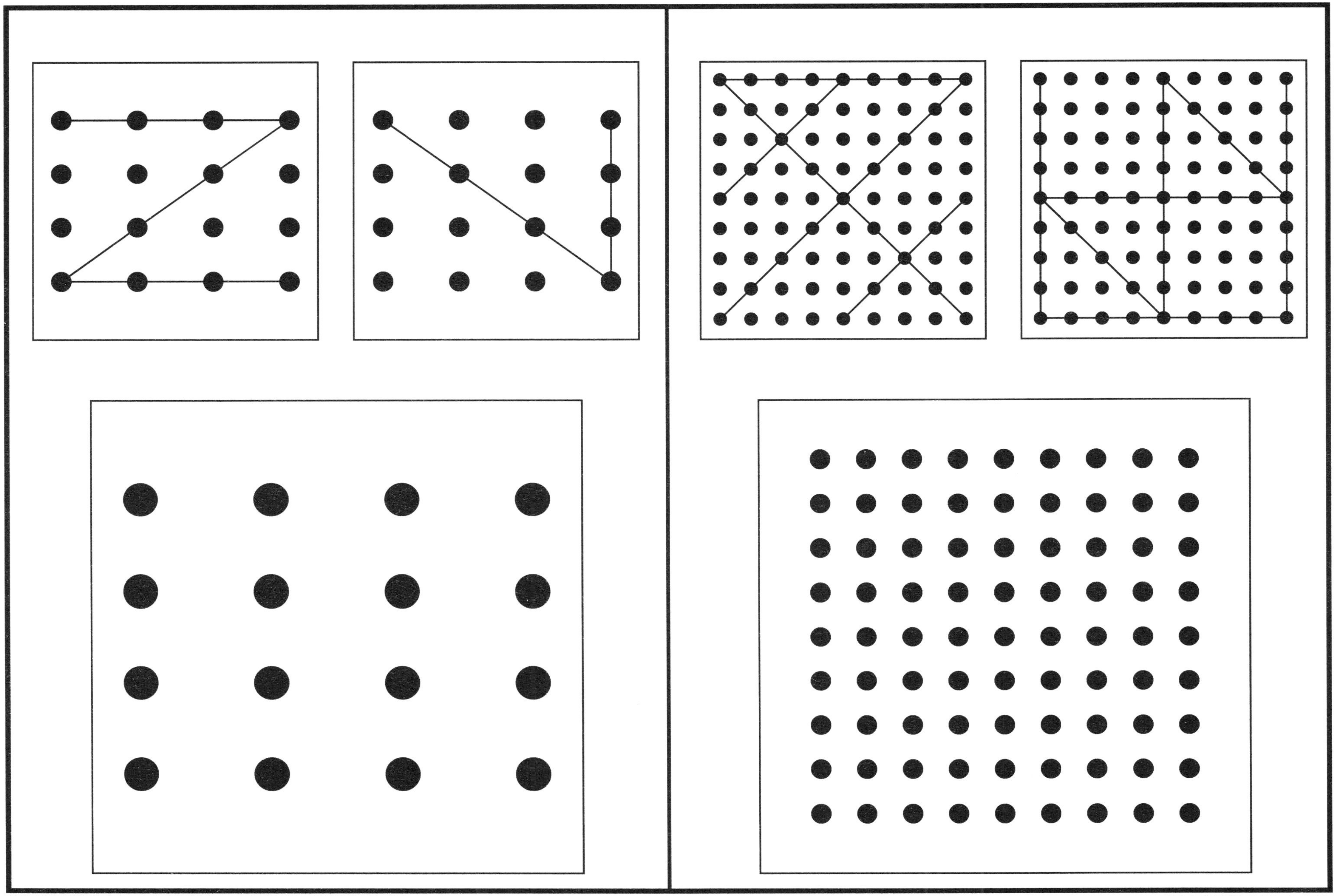

日本学習図書株式会社

森村学園初等部　合格問題集　無断複製／転載を禁ずる

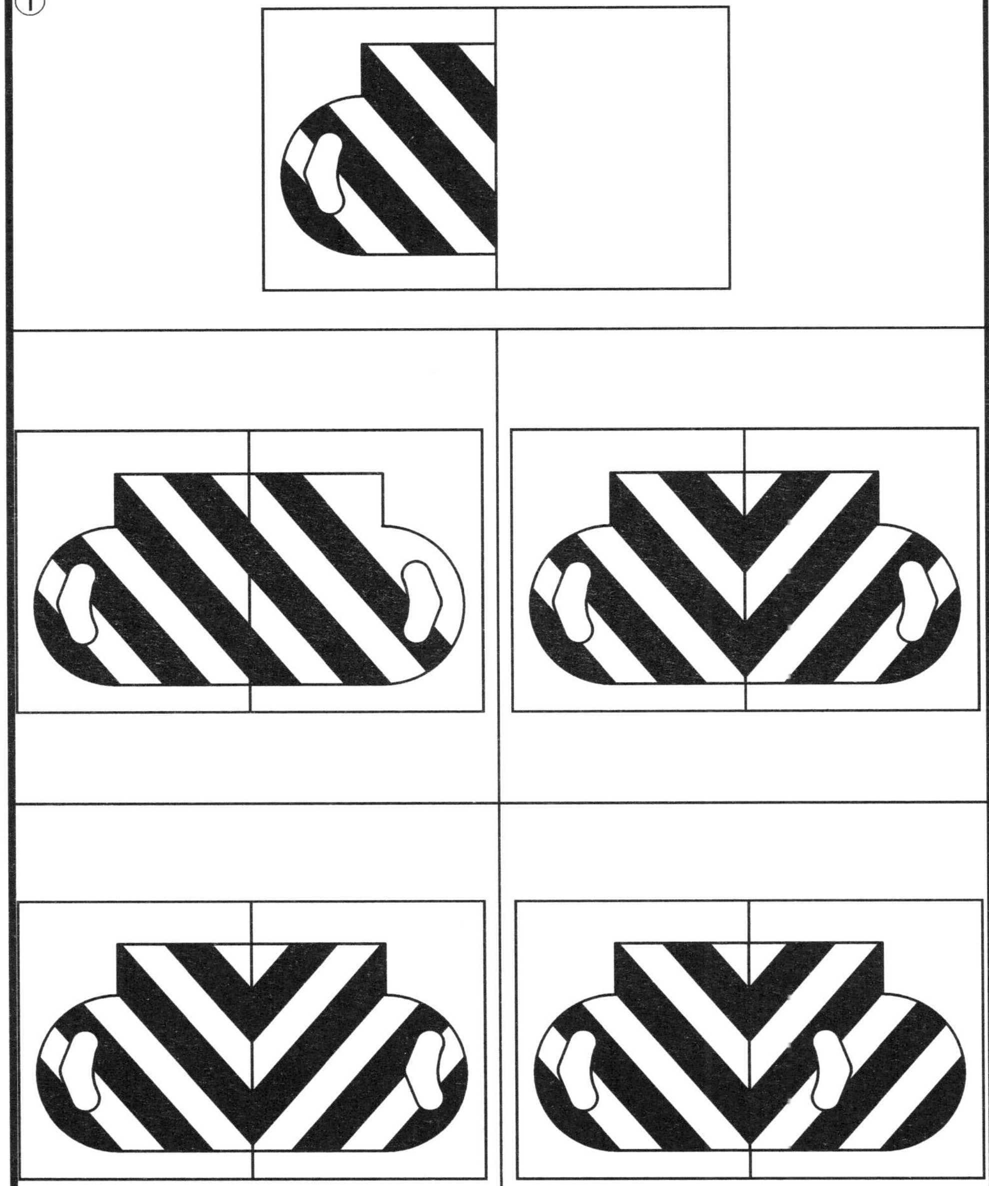

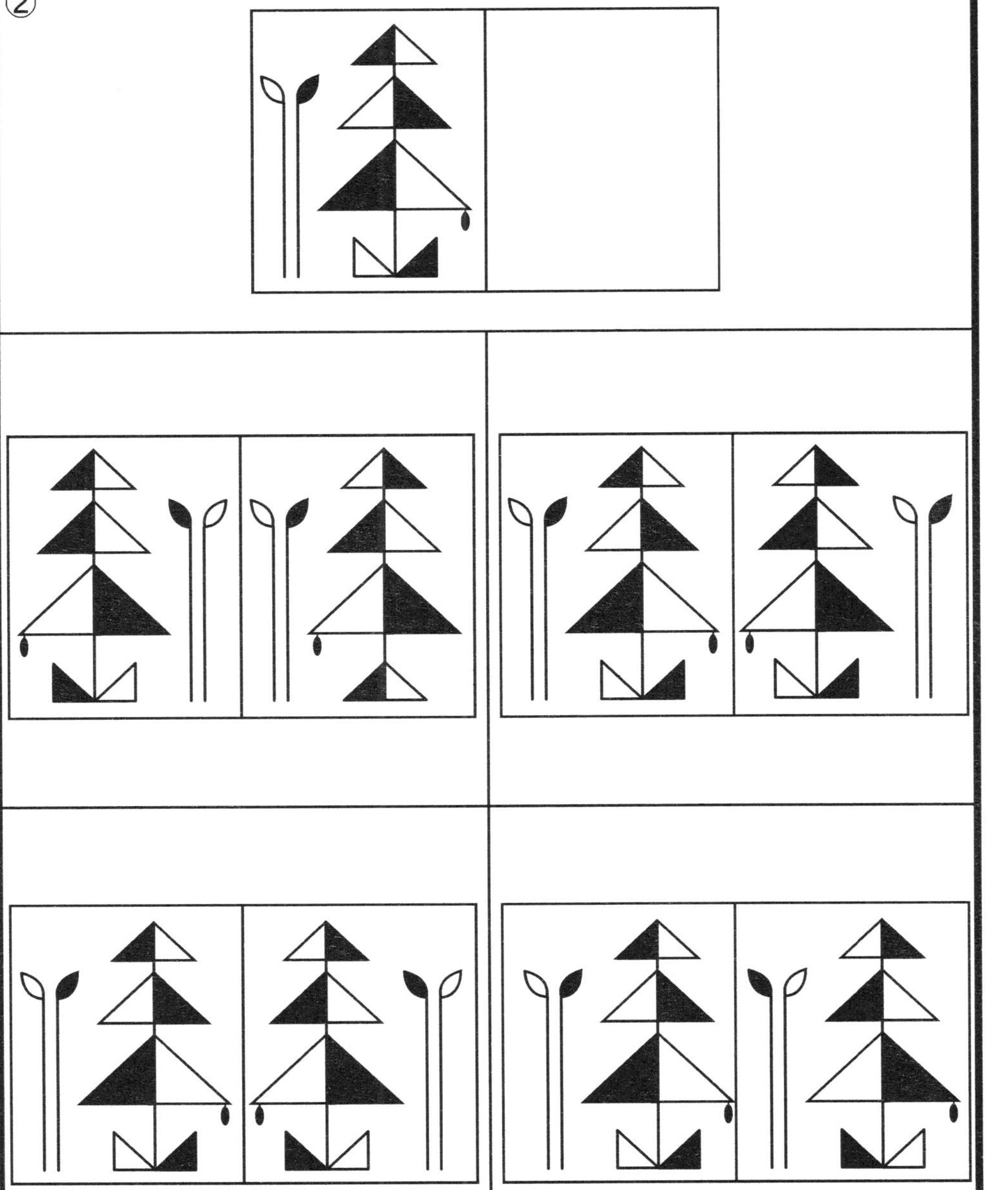

問題３０

①

②

日本学習図書株式会社

無断複製／転載を禁ずる

森村学園初等部　合格問題集

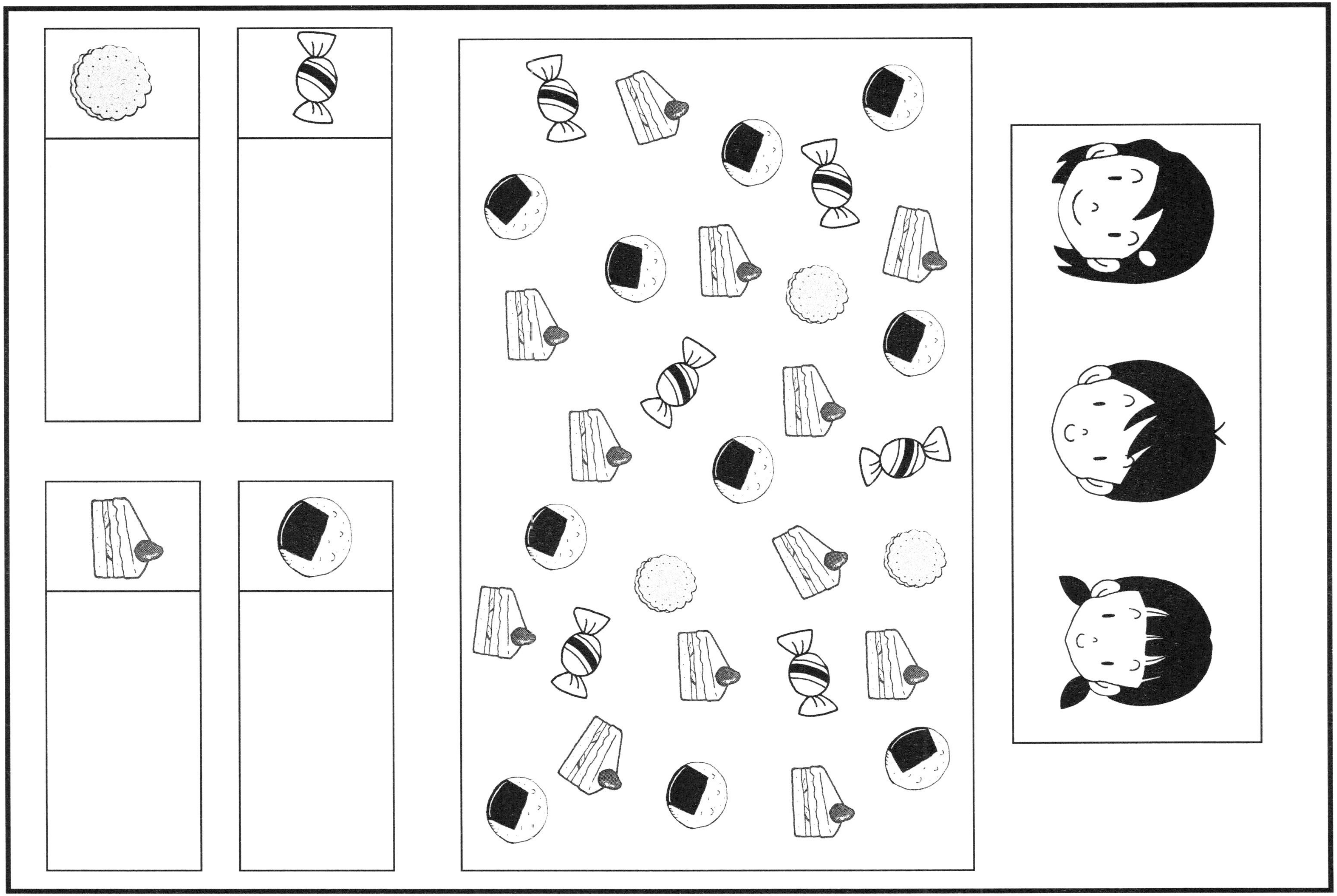

問題３２－１

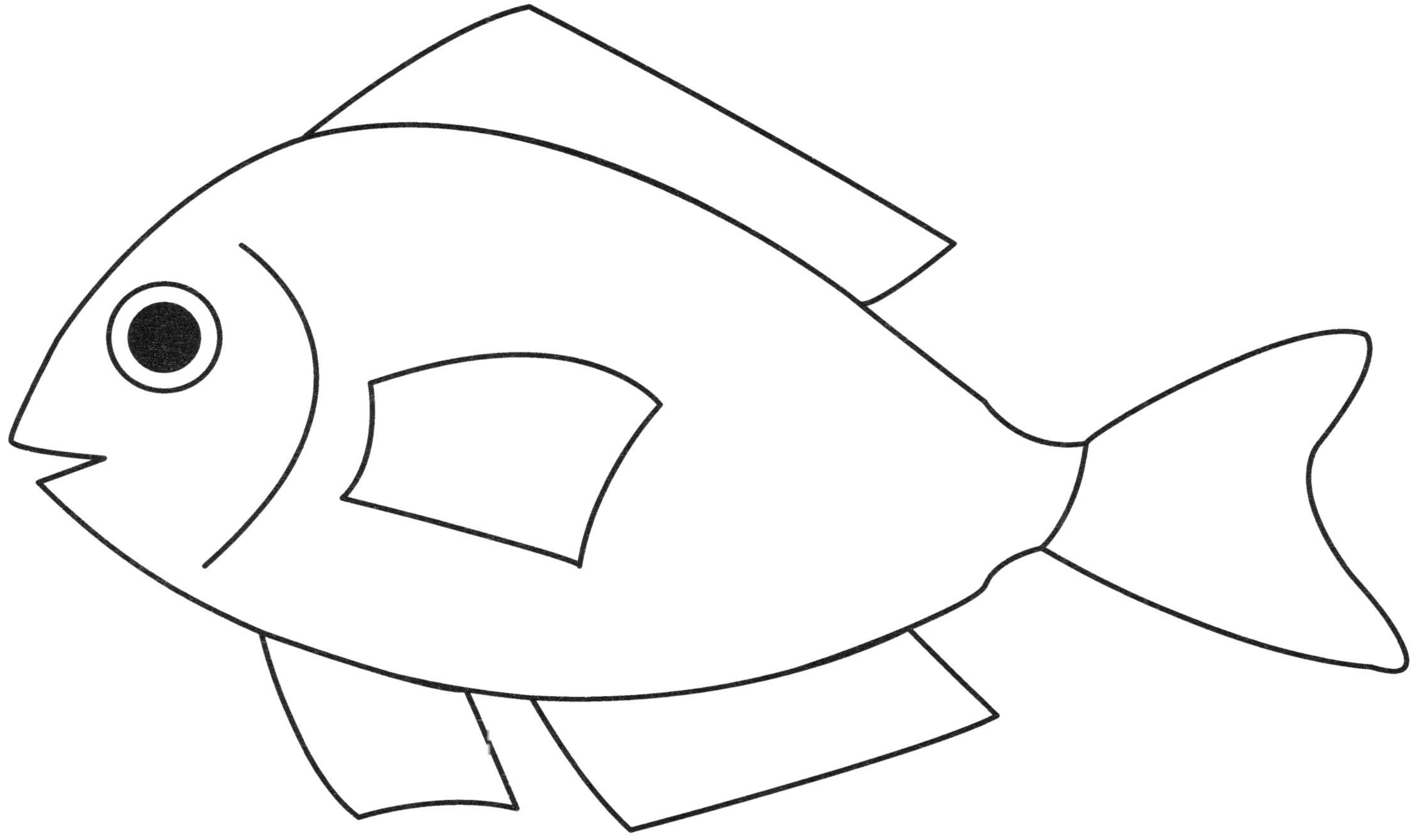

問題32－2

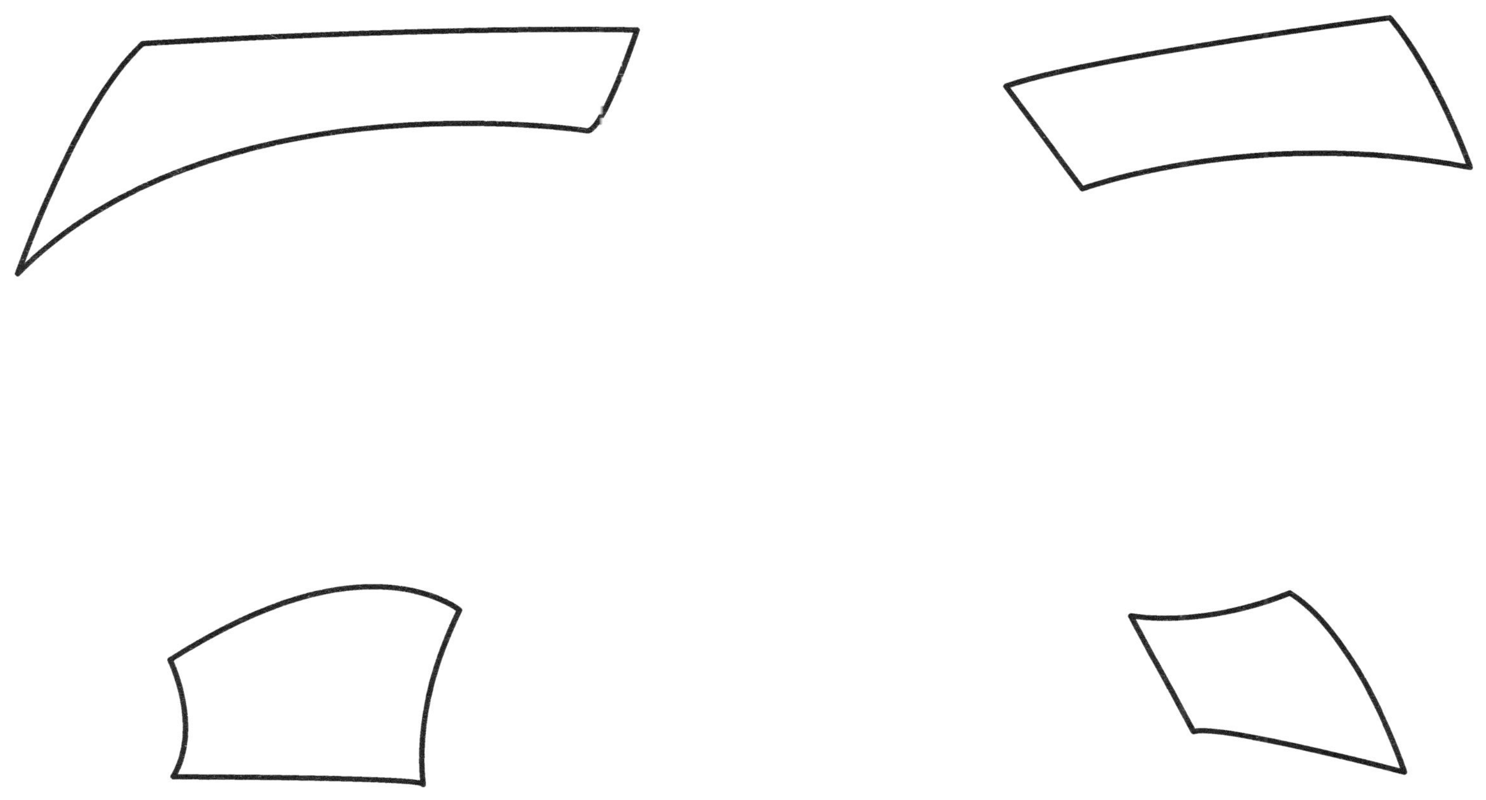

日本学習図書株式会社

問題３３－１

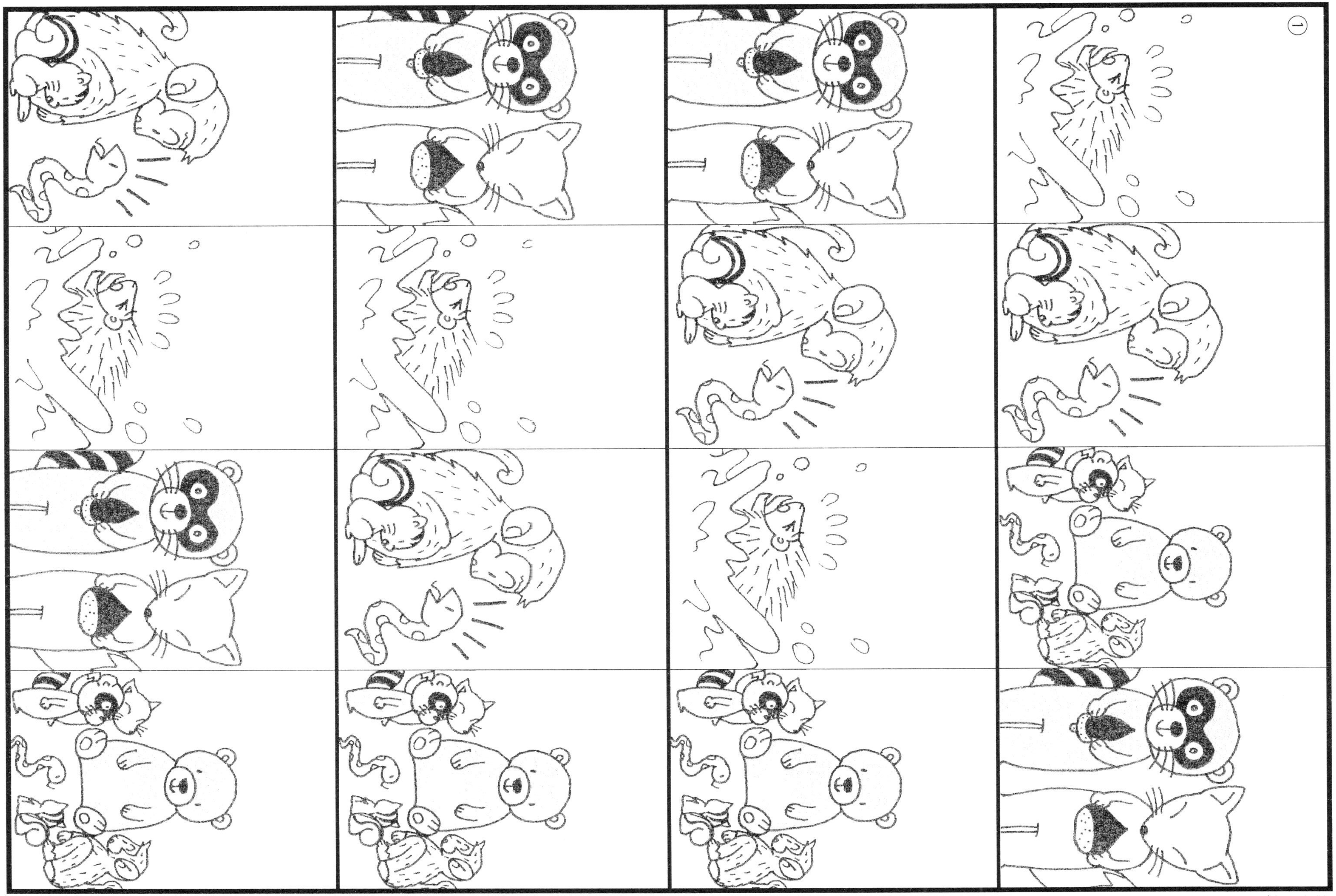

問題３ ３－２

②

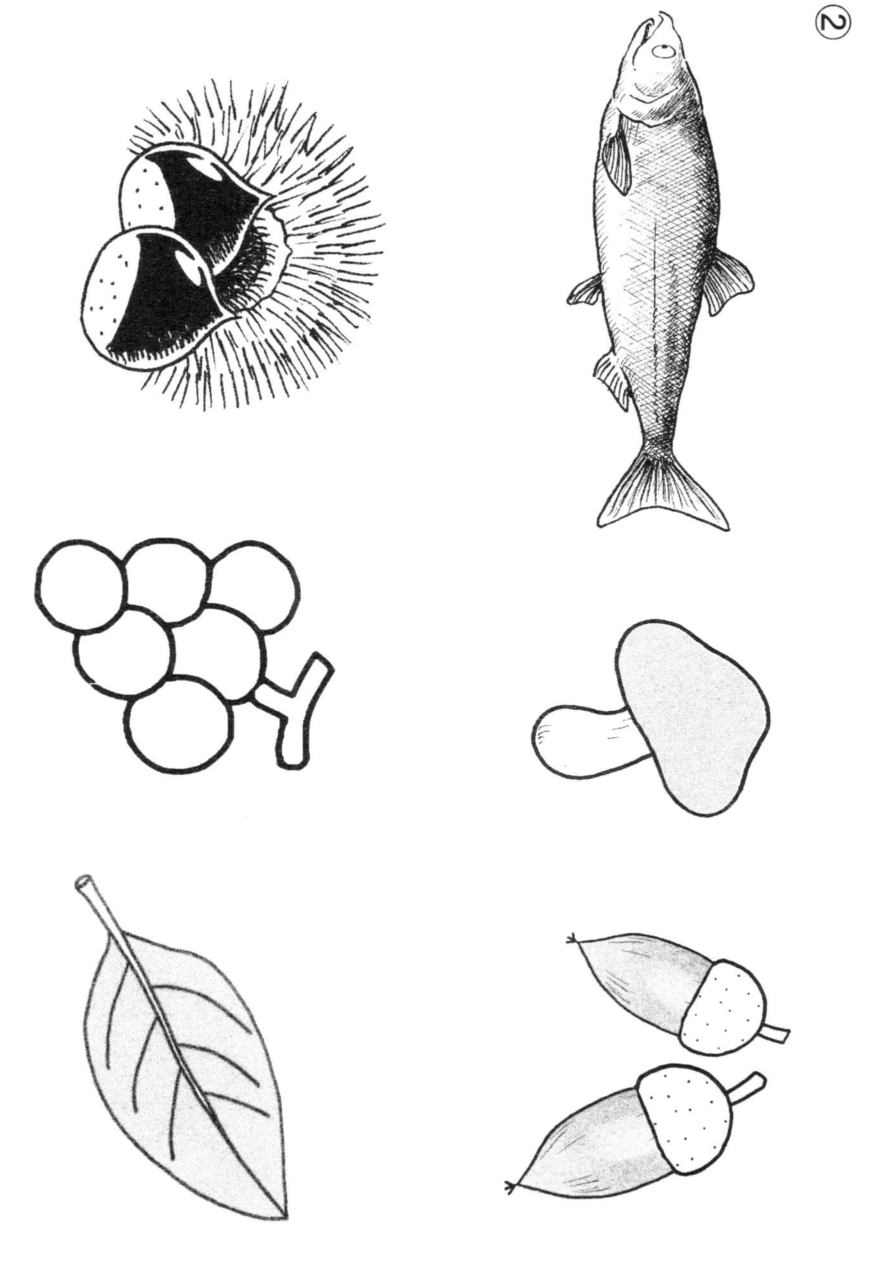

③

④

日本学習図書株式会社

森村学園初等部　合格問題集　無断複製／転載を禁ずる

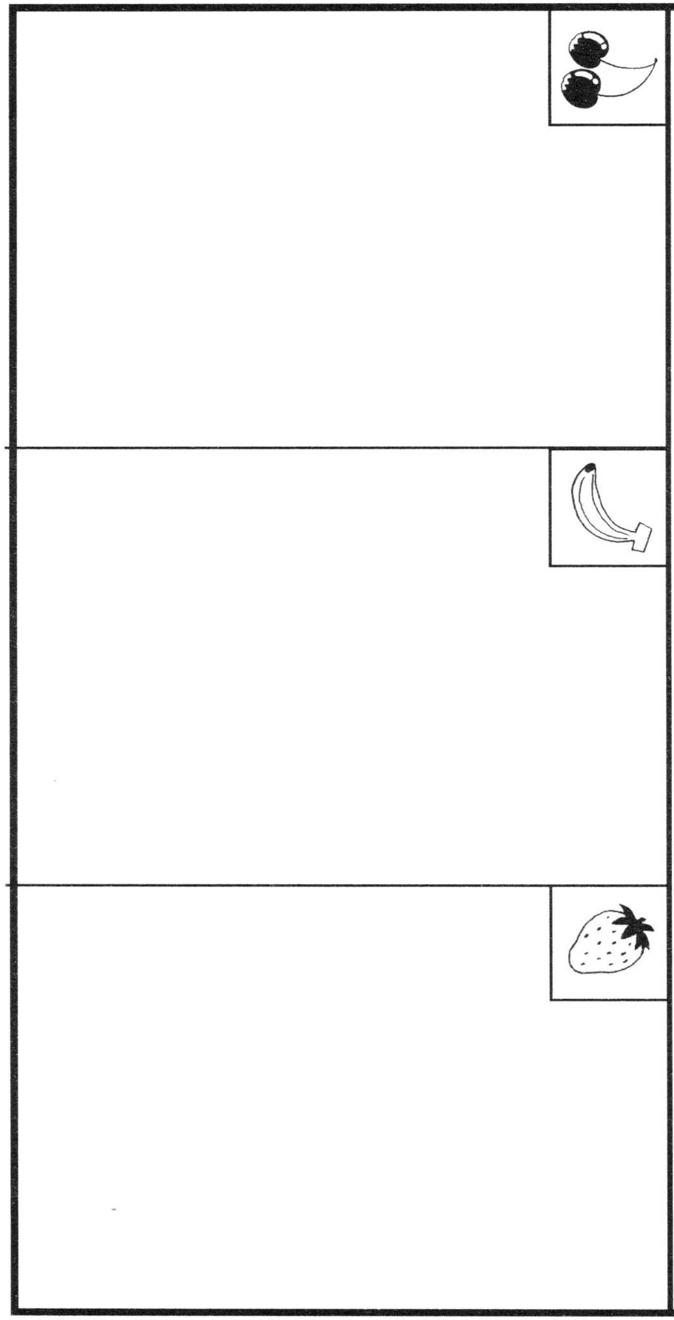

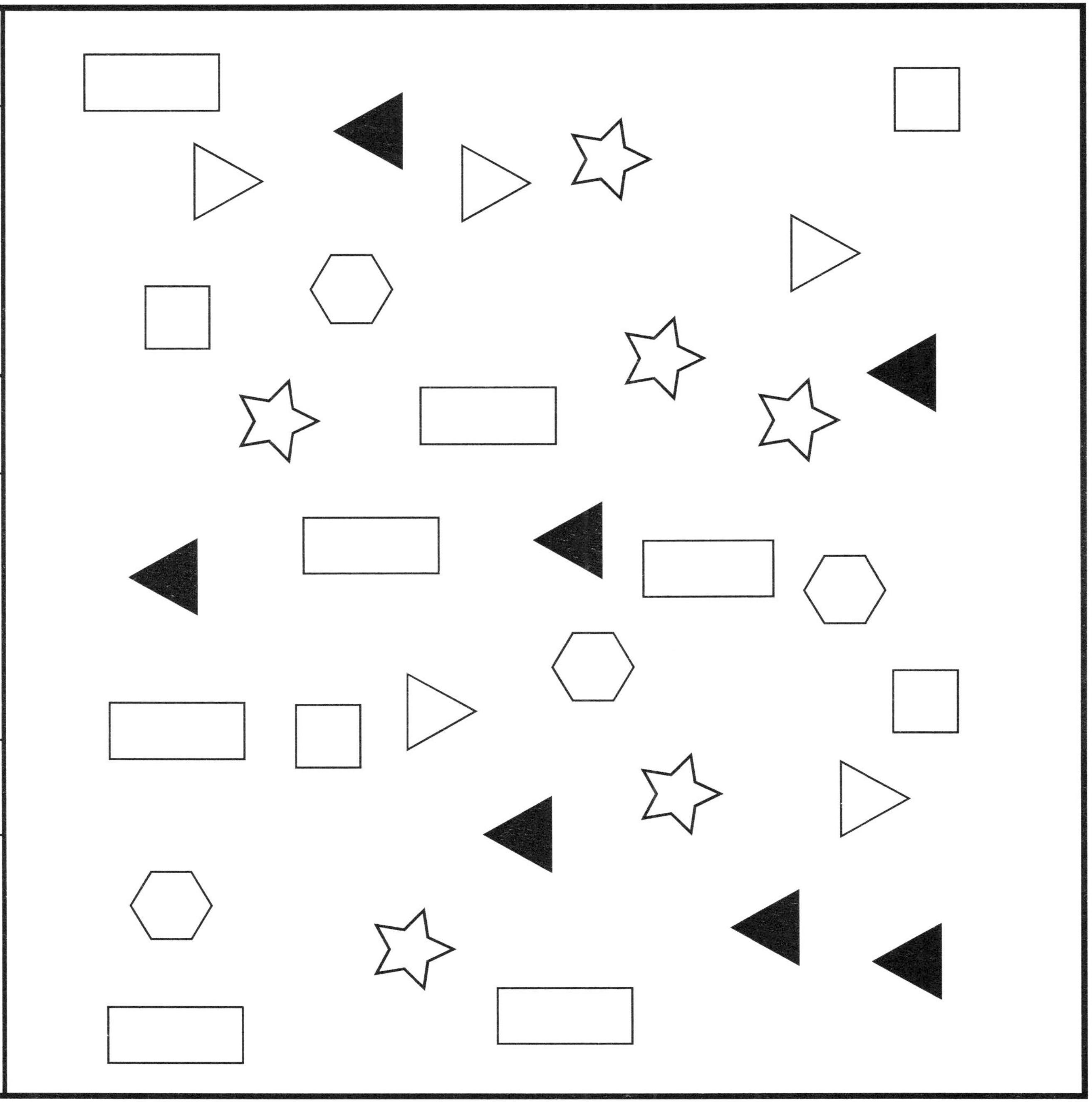

問題３５

森村学園初等部　合格問題集　無断複製／転載を禁ずる　　　　　　　　　　　　　日本学習図書株式会社

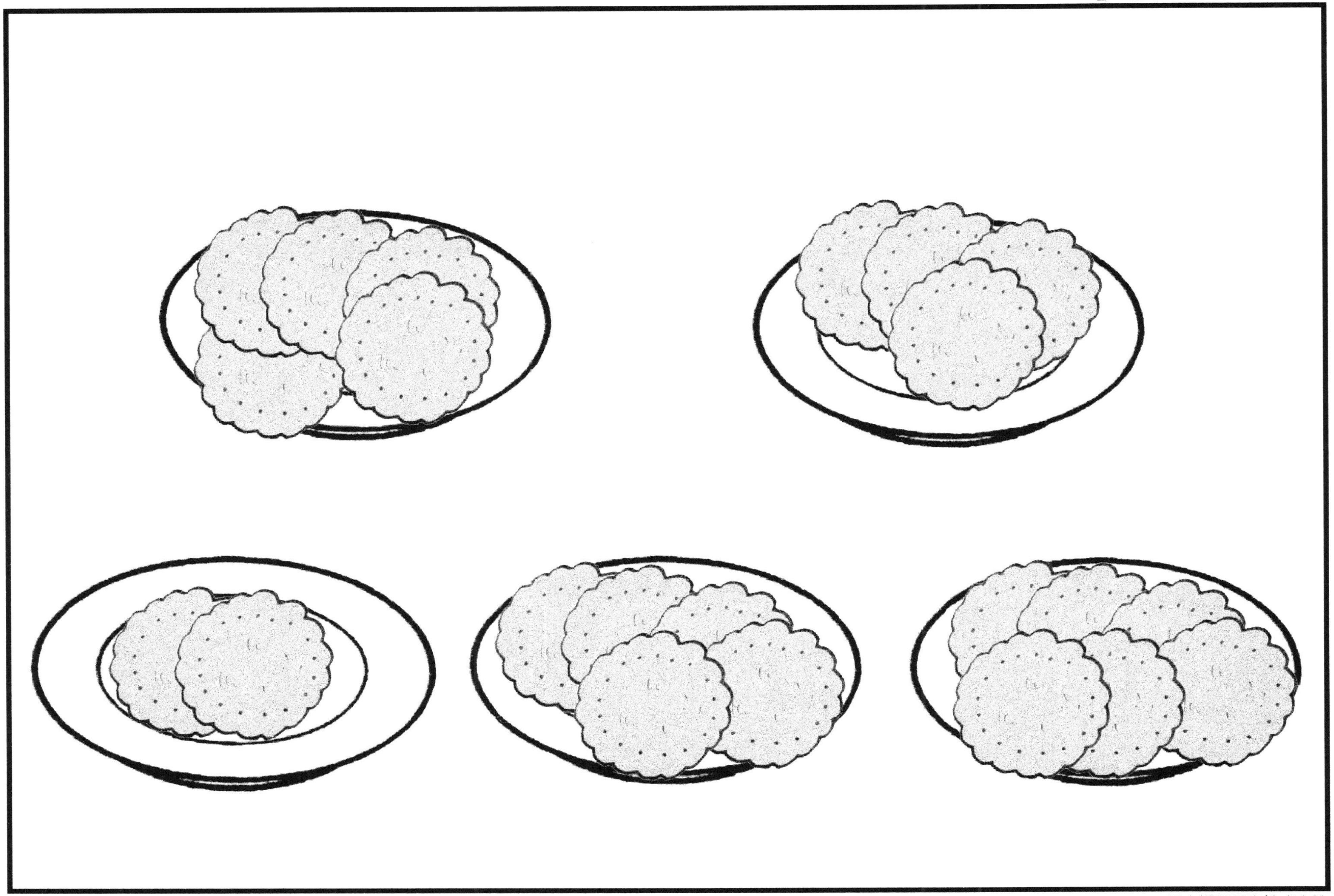

問題３６

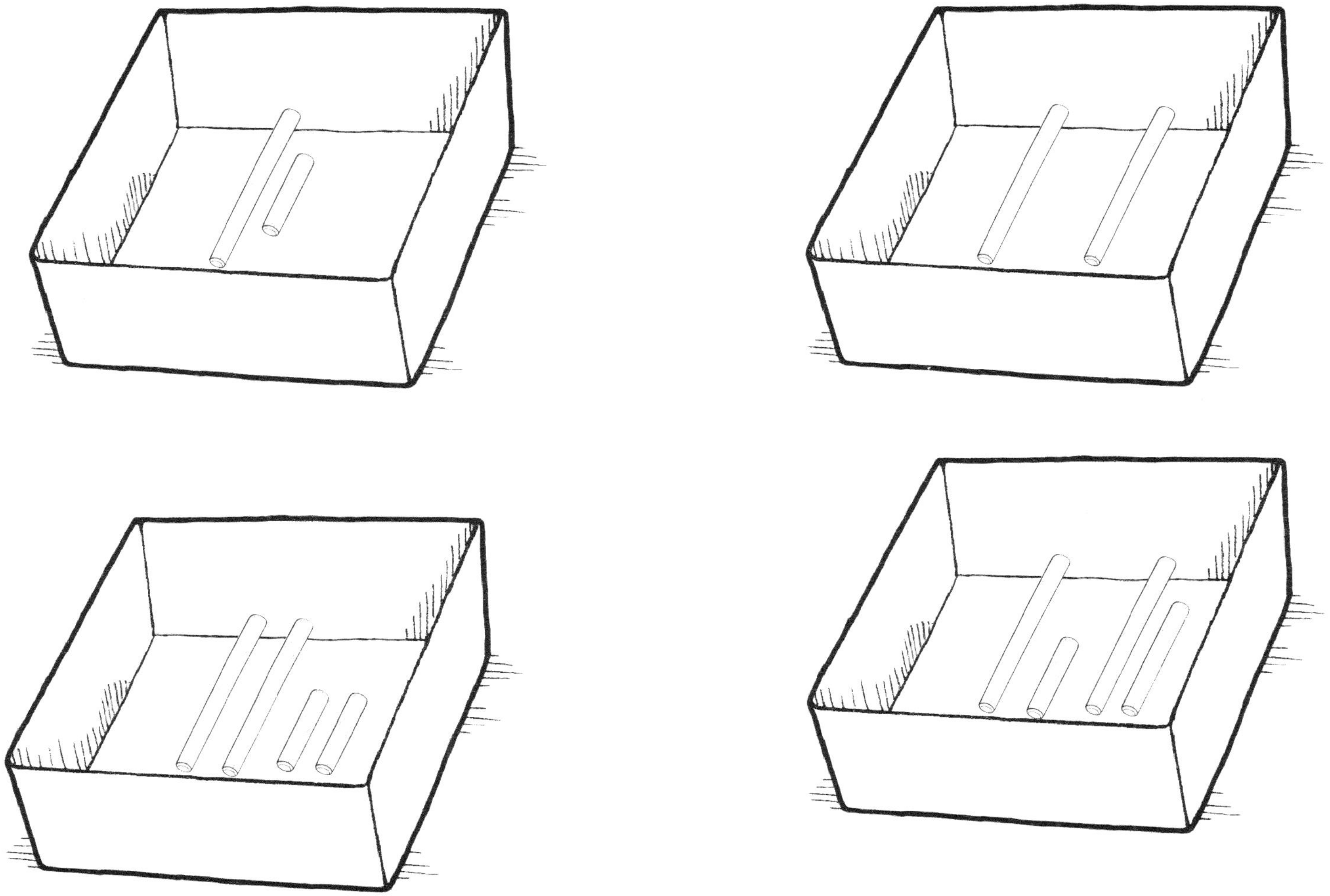

問題３７

①

②

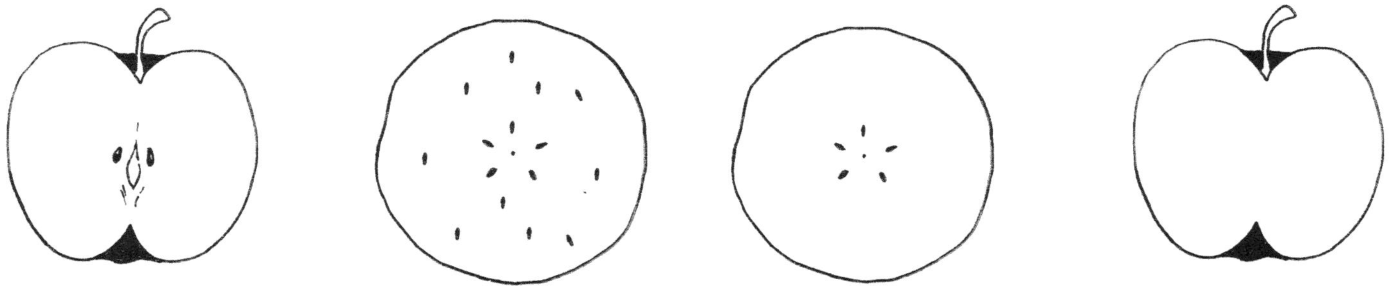

　

日本学習図書株式会社

問題38

①

②

日本学習図書株式会社

問題３９

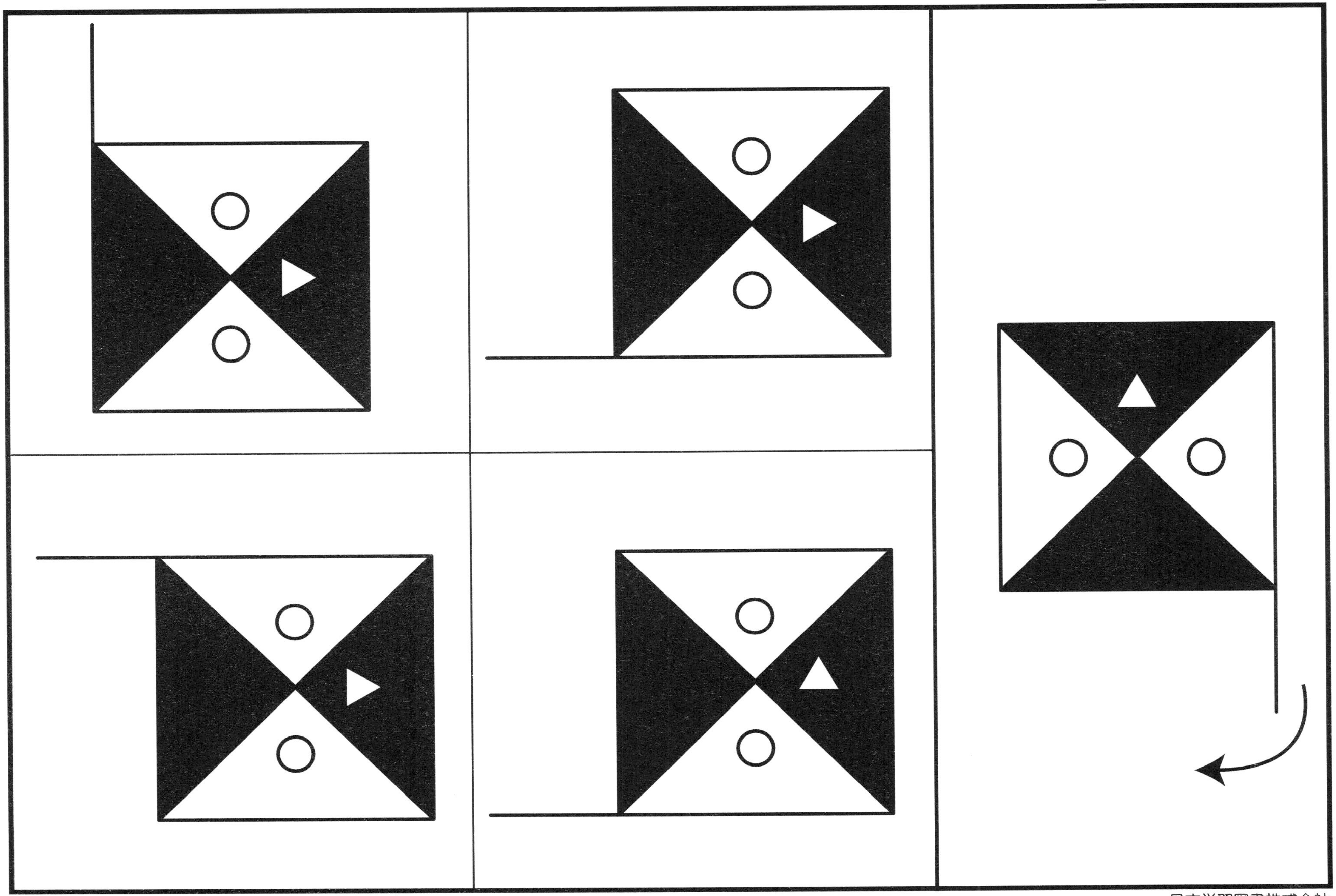

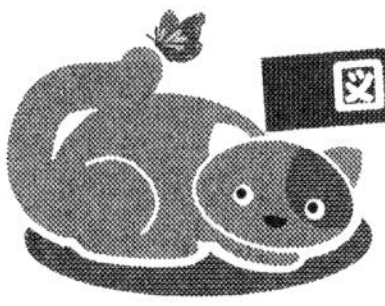

図書カード 1000 円分プレゼント

ご記入日 令和　　年　　月　　日

☆国・私立小学校受験アンケート☆

※可能な範囲でご記入下さい。選択肢は○で囲んで下さい。

〈小学校名〉＿＿＿＿＿＿＿＿＿＿＿＿　〈お子さまの性別〉男・女　〈誕生月〉＿＿月

〈その他の受験校〉（複数回答可）＿＿＿＿＿＿＿＿＿＿＿＿＿＿＿＿＿＿＿＿

〈受験日〉①：＿＿月＿＿日　〈時間〉＿＿時＿＿分　～　＿＿時＿＿分

②：＿＿月＿＿日　〈時間〉＿＿時＿＿分　～　＿＿時＿＿分

〈受験者数〉男女計＿＿名（男子＿＿名　女子＿＿名）

〈お子さまの服装〉＿＿＿＿＿＿＿＿＿＿＿＿＿＿＿＿

〈入試全体の流れ〉（記入例）準備体操→行動観察→ペーパーテスト

＿＿＿＿＿＿＿＿＿＿＿＿＿＿＿＿＿＿＿＿＿＿＿＿＿＿

Eメールによる情報提供

日本学習図書では、Eメールでも入試情報を募集しております。

下記のアドレスに、アンケートの内容をご入力の上、メールをお送り下さい。

ojuken@nichigaku.jp

●行動観察　（例）好きなおもちゃで遊ぶ・グループで協力するゲームなど

〈実施日〉＿＿月＿＿日　〈時間〉＿＿時＿＿分　～　＿＿時＿＿分　〈着替え〉□有　□無

〈出題方法〉□肉声　□録音　□その他（　　　　　　　）　〈お手本〉□有　□無

〈試験形態〉□個別　□集団（　　　人程度）

〈会場図〉

〈内容〉

□自由遊び

＿＿＿＿＿＿＿＿＿＿＿＿＿＿＿＿＿＿＿＿

□グループ活動

＿＿＿＿＿＿＿＿＿＿＿＿＿＿＿＿＿＿＿＿

□その他

＿＿＿＿＿＿＿＿＿＿＿＿＿＿＿＿＿＿＿＿

●運動テスト（有・無）　（例）跳び箱・チームでの競争など

〈実施日〉＿＿月＿＿日　〈時間〉＿＿時＿＿分　～　＿＿時＿＿分　〈着替え〉□有　□無

〈出題方法〉□肉声　□録音　□その他（　　　　　　　）　〈お手本〉□有　□無

〈試験形態〉□個別　□集団（　　　人程度）

〈会場図〉

〈内容〉

□サーキット運動

□走り　□跳び箱　□平均台　□ゴム跳び

□マット運動　□ボール運動　□なわ跳び

□クマ歩き

□グループ活動＿＿＿＿＿＿＿＿＿＿＿＿＿＿

□その他＿＿＿＿＿＿＿＿＿＿＿＿＿＿＿＿＿

●知能テスト・口頭試問

〈実施日〉 ＿＿月＿＿日 **〈時間〉** ＿＿時＿＿分 ～ ＿＿時＿＿分 **〈お手本〉** □有 □無

〈出題方法〉 □肉声 □録音 □その他（　　　　　　） **〈問題数〉** ＿＿枚 ＿＿問

分野	方法	内　　容	詳　細・イ　ラ　ス　ト
(例) お話の記憶	☑筆記 □口頭	動物たちが待ち合わせをする話	(あらすじ) 動物たちが待ち合わせをした。最初にウサギさんが来た。次にイヌくんが、その次にネコさんが来た。最後にタヌキくんが来た。 (問題・イラスト) 3番目に来た動物は誰か 
お話の記憶	□筆記 □口頭		(あらすじ) (問題・イラスト)
図形	□筆記 □口頭		
言語	□筆記 □口頭		
常識	□筆記 □口頭		
数量	□筆記 □口頭		
推理	□筆記 □口頭		
その他	□筆記 □口頭		

●制作　（例）ぬり絵・お絵かき・工作遊びなど

〈実施日〉＿＿月＿＿日　〈時間〉＿＿時＿＿分　～　＿＿時＿＿分

〈出題方法〉　□肉声　□録音　□その他（　　　　　　）　〈お手本〉□有　□無

〈試験形態〉　□個別　□集団（　　　　人程度）

材料・道具	制作内容
□ハサミ □のり（□つぼ　□液体　□スティック） □セロハンテープ □鉛筆　□クレヨン（　色） □クーピーペン（　色） □サインペン（　色）□ □画用紙（□ A4　□ B4　□ A3 　　□その他：　　　　　） □折り紙　□新聞紙　□粘土 □その他（　　　　　　）	□切る　□貼る　□塗る　□ちぎる　□結ぶ　□描く　□その他（　　　　　　） タイトル：＿＿＿＿＿＿＿＿＿＿

●面接

〈実施日〉＿＿月＿＿日　〈時間〉＿＿時＿＿分　～　＿＿時＿＿分　〈面接担当者〉＿＿＿名

〈試験形態〉□志願者のみ（　　）名　□保護者のみ　□親子同時　□親子別々

〈質問内容〉

※試験会場の様子をご記入下さい。

□志望動機　□お子さまの様子

□家庭の教育方針

□志望校についての知識・理解

□その他（　　　　　　　　　　）

（　詳　細　）

・

・

・

・

●保護者作文・アンケートの提出（有・無）

〈提出日〉　□面接直前　□出願時　□志願者考査中　□その他（　　　　　　　）

〈下書き〉　□有　□無

〈アンケート内容〉

（記入例）当校を志望した理由はなんですか（150 字）

●説明会（□有　□無） 〈開催日〉＿＿月＿＿日 〈時間〉＿＿時＿＿分 ～ ＿＿時＿＿分

〈上履き〉 □要　□不要　〈願書配布〉 □有　□無　〈校舎見学〉 □有　□無

〈ご感想〉

●参加された学校行事 （複数回答可）

公開授業〈開催日〉＿＿月＿＿日 〈時間〉＿＿時＿＿分 ～ ＿＿時＿＿分

運動会など〈開催日〉＿＿月＿＿日 〈時間〉＿＿時＿＿分 ～ ＿＿時＿＿分

学習発表会・音楽会など〈開催日〉＿＿月＿＿日 〈時間〉＿＿時＿＿分 ～ ＿＿時＿＿分

〈ご感想〉

※是非参加したほうがよいと感じた行事について

●受験を終えてのご感想、今後受験される方へのアドバイス

※対策学習（重点的に学習しておいた方がよい分野）、当日準備しておいたほうがよい物など

＊＊＊＊＊＊＊＊＊＊＊＊　ご記入ありがとうございました　＊＊＊＊＊＊＊＊＊＊＊＊

必要事項をご記入の上、ポストにご投函ください。

なお、本アンケートの送付期限は入試終了後３ヶ月とさせていただきます。また、入試に関する情報の記入量が当社の基準に満たない場合、謝礼の送付ができないことがございます。あらかじめご了承ください。

ご住所：〒＿＿＿＿＿＿＿＿＿＿＿＿＿＿＿＿

お名前：＿＿＿＿＿＿＿＿＿＿　メール：＿＿＿＿＿＿＿＿＿＿

ＴＥＬ：＿＿＿＿＿＿＿＿＿＿　ＦＡＸ：＿＿＿＿＿＿＿＿＿＿

ご記入頂いた個人に関する情報は、当社にて厳重に管理致します。弊社の個人情報取り扱いに関する詳細は、www.nichigaku.jp/policy.php の「個人情報の取り扱い」をご覧下さい。

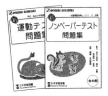

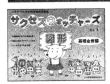

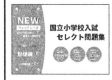

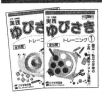

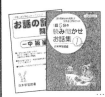

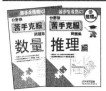

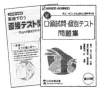

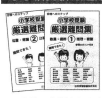

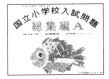

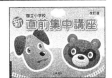

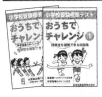

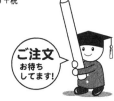